JN174484

宮崎駿の「半径300メートル」と『風立ちぬ』

荻原 真

国書刊行会

クロード・モネ《パラソルをさす女》

目次

はじめに――なぜモネなのか

『風立ちぬ』の予告編を初めて目にしたときのことです。モネではないか、とすぐに思いました。思ったというか、驚いたといったほうがよいかもしれません。

青空の広がる気持ちのよい天気です。緑あふれる軽井沢の高原です。丘の上にイーゼルが立てられています。キャンバスに向かって美しい少女が「ペインティングナイフ」を動かしています。黄色いワンピースが風をはらみ、たえず動いています。かたわらには大きなパラソルが立てられています。おそらくは日よけでしょう。

実にすがすがしい、そして美しいシーンです。

菜穂子が絵を描いている場面は、特別前売券の図柄ともなっていました。またサウンドトラック等々、いくつかの関連グッズでもこのシーンが採用されています。

私は、驚いたといいました。モネからの引用があまりにあからさまだったからです。モネの絵に親しんでいる人であれば、おそらくだれもが気づいたことでしょう。もちろん、《パラソルをさす女》（一八八六）という作品です。

私は驚かされると同時に、これほどあからさまな引用をなぜ宮崎駿がおこなったのか、それが気になりました。気になって仕方がありませんでした。そして、あれこれと考えをめぐらすことになりました。

クロード・モネ（一八四〇～一九二六）はフランス印象派を代表する巨匠です。偉大な画家に対して宮崎は敬愛の念を表したのでしょうか。映画『風立ちぬ』はモネに対するオマージュなのでしょうか。

理由のひとつかもしれません。が、それだけではないでしょう。

そのこたえは後に残しておくことにしましょう。

一　フジモトとは誰か

はじめに申しましょう。フジモトとは、戯画化された「シュワの墓所」にほかなりません。これがフジモトの正体です。「滑稽」な、戯画化された存在です。だからこそ、所ジョージが声優として起用されたのです。

フジモトという人物はいったい何者でしょう。もちろんポニョの父です。「実の父」です。しかし、この男の正体について、『崖の上のポニョ』という作品のなかではっきりとした説明がなされていません。そのためか、映像作品を最初から最後まで注意深く観ても、彼にまとわりついた謎の糸を解きほぐすことはできません。そこで、宮崎自身の発言や企画書、メモなど、作品以外の資料で補いながら、不思議な人物の実像に迫ってゆくことにしましょう。

ネモ艇長のノーチラス号の乗員だった唯一のアジア人、少年だったフジモトは海の女と出会い恋におちた。それから百年、フジモトは半分人間のまま、半分海の男として生きて来た。

海洋汚染、乱獲、潜水艦がウロウロする有り様に、フジモトは海を救うために立ち上がった。

さんご塔は、フジモトの理想を体現した海洋農場、海水を浄化、生命を増殖する場所。

海底火山のアブクがブクブク、みどりのやわらかいサンゴがゆれる。紅いサンゴの塔の中では、魔法の力をあつめて生命の水を抽出している。〔……〕ポトンポトンとひとしずくずつ間遠に、金色の生命水はしたたって、ビンにたまっていく。気がとおくなるほど、間遠なしたたり。〔……〕フジモトはいつか海の平和が世界をみたし、いつまでも歳をとらない美しい海の女とおだやかに向きあう日を夢見ている（宮崎駿『折り返し点』四九八頁）。

フジモトはかつてノーチラス号の乗員だったようです。ノーチラス号とは、フランスの小説家ジュール・ヴェルヌ（一八二八〜一九〇五）が『海底二万里』（一八六九）で描き出していた潜水艦の名称です（もちろん架空の存在です）。ところが、ヴェルヌの『海底二万里』のページを最初から最後までめくっても「フジモト」という人物の名はあらわれてきません。この小説の登場人物のひとり、アロナックス教授が「乗員は、いずれもヨーロッパ人の特徴は備えてい」るると証言していますから、アジア人は乗っていなかったと思われます。(1) いったいどういうことなのでしょう。フジモトは、ヴェルヌ作『海底二万里』とはさしあたって無関係な人物なのでしょうか。宮崎によって新たに創り出された登場人物なのでしょうか。どうやら、そのようです。ただ、それでは宮崎が指し示した設定が何の意味もないものになってしまいます。フジモトがかつてネモ船長の部下であったという設定にはなんらかの意味が込められているはずです。

ヴェルヌによって描き出された潜水艦ノーチラス号のネモ船長、彼もかつては陸上の人間でした。しかし、はたしてどのような経緯があったのか、地上の「人間社会とは絶縁し」たのです。そして海水面以下での生活を続けています。もはや「人間社会の規則」に従うつもりはないと発言しています。また船長は「海にこそ真の生活がある」とも述べています。陸上の「人間社会に対する激しく執拗な不信感」はネモ船長とフジモトに共通しているのです。

フジモトは「アジア人」という設定です。「フジモト」（藤本？、富士元？）ですから日本人でしょうか（フジモトは日本人だと宮崎は語っています）。それにもかかわらず長い髪は黒ではなく赤茶色です。鼻が高いなど、顔の彫りが深く、まるでヨーロッパの白人のような顔立ちです。

「海の女と出会い恋に落ちた」といわれていますが、その「海の女」とはグランマンマーレのことを指しているのでしょう。ふたりのあいだにはポニョをはじめとして多くの娘たちが生まれています。

フジモトは「半分人間」で「半分海の男」です。「かつて陸上人だったが、今は海に仕える水棲人間」です。フジモトは十九世紀にアジアで生まれた（ふつうの）人間だったようです。しかし自分の意思から「水棲人間」に転向しました。といっても、まだ陸上人間の名残があります。呼吸のためには結局のところ空気（＝酸素）が必要らしく、海中にいるときは顔の周辺を「気泡」で覆わなければならないからです。他方、海中での生活があまりの長期にわたったためか、陸上への適応力が衰えてしまいました。たとえば、陸に上がって地上を歩行するとき、「過度の乾燥をさけるため」「深い海のきれいな水」を足もとに撒かなければならなくなりました。彼が大きなタンクを背負っているのはそのためです。そのタンクのなかに「きれいな水」が入っているのです。

陸上の人間が引き起こした「海洋汚染」、そして魚介類の「乱獲」、あるいは「潜水艦がウロウロする有り様」に業を煮やしたフジモトは、「海を救うために立ち上がった」そうです。が、「立ち上がった」とは、いったいどのようなことをいうのでしょうか。

「さんご塔」と名付けられた海洋牧場で、フジモトは海水を浄化したり、生命を増殖させたりしています。さんご塔の中心部には「生命の水」という液体を抽出する部屋があります。抽出部屋からさらに地下に降りてゆくと円くて大きい耐圧ドアのようなものがあり、ドアの奥にはフジモトの研究室があります。研究室の中央には深い井戸があります。その井戸のなかに生命の水が貯蔵されています。この生命の水にはたいへんなパワーが秘められているようです。フジモトがそれを数滴なめただけで体中に衝撃が走り、髪の毛がすべて逆立ってしまうほどです。そのとき、彼は「海の力がＤＮＡのラセンのすみずみにまでしみわたる」とみずからに語ります（もってまわった言い回しは、彼が真面目な「インテリ」であること、それと同時に滑稽なほど真面目なインテリであることを物語っています）。「この井戸がいっぱいになった時、再び海の時代がはじまるのだ。カンブリア紀にも比肩する生命のバクハツ……。いまわしい人間の時代がおわるのだ……。」どうやらフジモトは何かをたくらんでいるようです。そのたくらみはどのようなものでしょうか。この言葉だけでは彼の計画の全体像を明確にとらえることはできません（それにしても「カンブリア紀」とは大昔です。天文学的に遠大なプロジェクトなのでしょうか）。

フジモトは「いまわしい人間の時代」を終わらせることをたくらんでいます。そのために生命の水が必要なのです。しかも井戸がいっぱいになるほど大量に必要なのです。現時点ではまだ「いっぱい」ではありません。まだまだです。かなり時間がかかりそうです。「井戸がいっぱいになった時」にフジモトはいったい何をして、「カンブリア紀にも比肩する生命のバクハツ」を引き起こし、「人間の時代」を「おわ」らせ、「海の時代」へと移行させようというのでしょうか。

残念ながら、よくわかりません。推測するほかありません。ただ推測するための材料は十分にあります。たとえば次のような記述があります。

ポニョが魔法の扉を開けてしまったことがきっかけとなり、世界のバランスが少しずつ狂いはじめる。地上に大きな嵐が吹き荒れ、海は徐々に原始の状態に近づいていく。島は水没し、街は波に飲みこまれていく。このままでは月が地球に落ち、世界は終わってしまう（『ジブリの森とポニョの海』二〇頁）。

あるいは、

危険な力を持つ生命の水がまき散らされた。海はふくれあがり、嵐が巻き起こり、いもうと達は巨大な水魚に変身して、宗介のいる崖へ、大津波となって押し寄せる（劇場用パンフレット）。

フジモトが長い年月をかけて（「1907」年以来？）貯めていた生命の水を、ポニョは海のなかに一気に放出してしまいました。その結果、地球に巨大な変動が生じました。たしかに、「大きな嵐が吹き荒れ」ています。海は荒れに荒れて、耕一の乗る小金井丸も波に翻弄され激しく揺れて、いまにも転覆しそうです。また海は少しずつ「原始の状態」

に戻っています。古代魚の群れまでが出現しています。デボン紀にさかえたボトリオレピス、ディプノリンクス、そしてデボネンクスといった魚たちです（ただし、ボトリオレピス、ディプノリンクスはデボン紀に実在しましたが、デボネンクスは架空の魚で宮崎自身が考え出したものです）。海の女神グランマンマーレも、気持ちよさそうに身体を大きく広げつつ「まるでデボン紀の海にもどったよう」という感想をもらしています。

フジモトにも、生命の水が井戸にいっぱいになったあかつきにはそれを大量に放出して、自然界に革命的な変化をもたらすもくろみがあったのでしょう。その革命的な変化は、いわゆる「カンブリア」「バクハツ」のようなものでもあります。

〝カンブリア爆発〟とは、カンブリア紀、つまり五億数千年前、突如として生物の多種多様な分化が生じたことです。生物の種類が爆発的に増えたのです。このとき、現在見られる動物の「門」（軟体動物門、節足動物門などの「門」）のすべてが生まれています。（オルドビス紀、シルル紀をはさんで）やがてデボン紀（四億千六百万年前～三億六千七百万年前）にいたると、「魚類やシダ植物が繁栄し、両生類が出現し」ました。「デボン紀の前半には生物は海で生息し」「海の時代」と呼ばれていました。「再び海の時代がはじまる」ことを切に願っているフジモトは、時代のねじを巻き戻し、デボン紀のように生物が

「海で生息」する地球環境を再現しようともくろんでいたのでしょう。

多種多様な生命と生気に満ちあふれる豊かな海を取り戻したいとフジモトは考えていました。ところが邪魔な存在がいます。それは人間です。陸上に棲息する人間です。海の生き物を「乱獲」している人間です。『崖の上のポニョ』のはじめの部分にも小型漁船の底曳き網が登場しています。海の生き物を根こそぎさらい、もち去ってしまう底曳き網です。ポニョも網にひっかかり、あやうく引き上げられてしまうところでした。

人間のわるさは「乱獲」だけではありません。「海洋汚染」もあります。『崖の上のポニョ』には、それとなく海の「汚染」が描き出されています。先ほど述べた底曳き網ですが、そのなかには海に不法に投棄された物なのでしょうか、ゴミが大量にかき集められています。「アキ缶」、「マヨネーズのチューブ」、「古タイヤ」、「ありとあらゆる消費材」です。絵コンテには宮崎によって「海の底をさらって、ゴミをさらっているのか魚をとっているのか判らない底曳網」と書き込まれています。ポニョも、結局、(海に本来あるはずがない)ジャムのビンのなかに頭部がはまって脱出できなくなってしまいました。

フジモトがポニョを宗介から奪い返そうとしたときにも、汚染された海の状況が描写されています。彼が港の周辺を潜水艦ウバザメ号で航行していたときです。水深が浅いためもあって海底に堆積していたヘドロがまきあがり、きたないヘドロのなかを航行せざるをえなくなります。思わず、「きたない、きたないぞ」という言葉をもらすフジモトです。「潜水艦」を「ウロウロ」させているのも人間です。潜水艦が海のなかをウロウロして自然界にいったいどんな問題が生じるのか、と首をひねるかもしれません。たしかに直接的には海にほとんど悪影響はありません。またその点について、宮崎は何も語っていません。

ただ、以下のようなことがあるのをお知らせしておきましょう。アメリカ合衆国の海軍に属す潜水艦が訓練等で発する大きなソナー音のために、多くのクジラやイルカが方向感覚を失ったり脳内出血を起こしたりして、これら哺乳類の大量座礁、大量死がもたらされていたことを海軍みずから二〇一三年に認めていたという事実です。[2]

「海洋汚染、乱獲、潜水艦がウロウロ」している状況を打破し、「いまわしい人間の時代」を終わらせるためには、ただ一時的に海を浄化し、海を多種多様な生物で満たすだけでは不十分でしょう。というのも、地上に住まう数十億の人間は、魚介類の乱獲をやめることはないでしょうし、いずれまた海にゴミを廃棄し、けがすでしょうから。とすると、「いまわしい人間」を懲らしめるためには、何かさらなる方策が必要となってくるでしょう。ここでヒントとなるのが「地上に大きな嵐が吹き荒れ、海は徐々に原始の状態に近づいていく。島は水没し、街は波に飲みこまれていく」という記述です。ポニョが意図せずに生命の水をまき散らしてしまったときにも、海が「ふくれあがり」、地上世界の一部が水没し、人間が作り上げた街も海面の下へと消えてしまいました。おそらくフジモトも、生命の水が自分の井戸にたっぷりと貯まったあかつきには、それを一気に解きはなって陸地の相当部分を（あるいはすべてを）水没させ、「いまわしい人間の時代」にけりをつけようとしていたのでしょう。言い換えると、きわめて多くの人間を死滅させるという計画です。

もちろん私の推測にすぎません。しかし、まだ三十代だった宮崎が世に送り出した『未来少年コナン』（一九七八）を思い起こしてください。けっして無理な推測とはいえないはずです。

核兵器をはるかに超える「超磁力兵器」を最終戦争で使用してしまったため、地軸がねじ曲がり、巨大な地殻変動が生じて陸地のほとんどが水没してしまいました。いまや海面の上にようやく顔を出しているのは、インダストリア、ハイハーバー、プラスチップ島、残され島くらいでしょうか。この世界に生き残った人間もほんのわずかとなってしまいました（全世界で数千人程度？）。そして、レプカが支配した、いまわしいインダストリアも最後には海面下へ没してゆきます（インダストリアの水没とラオ博士の死をもって産業文明はこの世界から消滅しました。科学技術の点では産業革命以前の社会に戻ったことになります）。

その代わり、小さかったはずの残され島がうずたかく盛り上がって「新大陸」となりました。この地でコナンやラナたちが麦などを栽培し、やがて子孫が増え、豊かな村がかたちづくられることでしょう。『未来少年コナン』の大団円では輝かしい未来が期待されます。

ところが、フジモトはもう陸上の人間に期待を寄せてはいません。彼がひたすら待ち望んでいるのは「海の時代」です。

生態系というピュアなものがあって、それを壊し奪うのが人間と決めると、どうにも許せなくなるんです。その気持ちはとてもよくわかるんですが、その気持ちに身をゆだねるのも、別なかたちの残忍な攻撃性になっちゃう（養老孟司、宮崎駿『虫眼とアニ眼』一一八頁）。

宮崎のこの言葉はフジモトを直接指し示したものではありません。しかし、フジモトに関係する言葉として受けとめることが十分にできるでしょう。フジモトの計画に「残忍な攻撃性」があったことは否定できませんから。豊かな海を取り戻すため、きわめて多くの陸上人間が犠牲になることを想定していたのです。

「ピュアな」「生態系」を「壊し奪う」人間を「許せなくな」ったフジモトの「気持ちはとてもよくわかる」と語る宮崎駿その人にも「残忍な攻撃性」は共有されています。その意味でフジモトは宮崎の分身です。まちがいありません。「僕は、人間を罰したいという欲求がものすごくあった」とも述べていますから。『崖の上のポニョ』制作の準備段階では、「人間がちょっと傲慢になりすぎちゃった」ので「海をあふれさせ」、陸地の多くの部分を水没させ、人間に「お灸をすえ」、そのようにして人間が「ちょっと反省してもいいんじゃないか」と語っていました。『もののけ姫』に関しても、「ラストのところで、もっと〔シシ神の森を壊し奪う〕人間に悲惨な目に遭わせるという誘惑もずいぶんあって、初めはそういう計画でした」とみずからもらしています。

「残忍な攻撃」によって「人間を罰」するとは、自然界から富を奪い、自然界を汚染している高度産業文明を崩壊させ、時間のねじを巻き戻し、豊かな自然を復活させることでしょう。そして人間の文明を、せいぜいのところ、産業革命の時代のレベルにまで引き戻すことでしょう。主要な産業が農業、漁業、牧畜で、自然環境にあまり負荷がかからなかったローテクの時代に立ちかえらせることです。

『崖の上のポニョ』では海がデボン紀に戻っています。「森の中」には「カンムリペリカン」など、「みなれないいきもの」が出現しています。ポンポン船に乗ったポニョと宗介は一艘の和舟に出会いますが、その舟のなかで日傘を差しながら赤ちゃんを抱いている婦人は「大正時代の落ち着いたお母さん」です。その直後、町の人々がオールで「カッター(短艇)」を漕いでいるシーンは、「突然、昭和30年ぐらいに」引き戻されています。

大きな変革、変動を通じてハイテク社会が清算されローテク社会に回帰するというテーマは『未来少年コナン』以来、宮崎作品のなかで繰り返し取り上げられてきました。それを時代を追って確認してゆきましょう。

『ルパン三世　カリオストロの城』(一九七九)のクライマックスでは、上部の湖の水があふれ出し、「精巧な印刷機がズラ〜〜ッと並」んだ「最新の印刷工房」は水面下に没し、その代わりに姿を現したのが古代ローマ時代の遺跡(ローマ盛期の神殿と皇帝の別荘)です。これまたハイテクからローテクへの時間的回帰ということができるでしょう。『風の谷のナウシカ』（一九八四）についてはわざわざ説明するまでもないかもしれません。舞台は、「栄華を誇った産業文明」が「火の7日間」と呼ばれる最終戦争によって崩れ去ってからおよそ千年後の世界です。未来という時代設定ではありますが、ナウシカが生まれ育った風の谷は明らかにローテク社会です。産業技術の点では退化しています。火は「チョビッと」しか使われていません。「多すぎる火」は避けられています。

『天空の城ラピュタ』（一九八六）をめぐっても同じことがいえます。この作品ではふたつのステップを確認することができます。まず、「かつておそるべき科学力で天空にあり、全地上を支配した」ラピュタ人たちが、「あまりに高度に発達しすぎた文明生活の末」「生命力を失い」、紀元前、「突然発生した奇病」のために滅亡したことです。一部のラピュタ人が、七百年ほど前、浮島から地上に降り立ち、やがてゴンドアに住み着きました。ゴンドアは険しい山の奥に位置しています。そして農作物、ヤク、羊などの家畜に頼る生活を続けてきました。その子孫がシータです。これが第一の時間的回帰です。もうひとつは、映画のクライマックスに描き出されています。「ラピュタの超科学力の全てが結集されている」下層部の半球体は、シータとパズーが声を合わせて発した「亡《ほろ》びのまじない」「バルス!!」によって崩れ去りました。にもかかわらず、上層をなす緑豊かな城の部分はほとんど無傷で残りました。これが第二の回帰です。

八〇年代までの未来観として、ある種の終末観があったと思うんです。日本がこのままどんどん大きくなって、ある日ドカーンとなにかがはじけて、文明が一挙に滅びたり、東京に再び関東大震災がきて、一面焼け野原になったりとか。それが現実にきたら、阿鼻叫喚《あびきょうかん》、ひどいことになると思うけれども、どこかでみんなそうなったらせいせいするだろうなという、願望があったと思う。一種、終末観すら甘美だったんですよ（宮崎駿『出発点』五一九頁）。

「甘美だった」と過去形で宮崎は語っています。「ドカーン」（あるいは「バルス!!」）によって「産業文明」に「お灸」がすえられることが、です。「文明が一挙に滅び」るのを「願望」するのは、「残忍な攻撃性」のあらわれなのかもしれませんが。

しかしながら一九九〇年代にいたって宮崎は方向を転換します。「人間を罰」することを放棄します。人間に「お灸をすえ」ることをやめます。「人間に悲惨な目に遭わせるという誘惑」から脱します。

神様の代わりに人間に罰を下してカタルシスを得ようというような発想は捨てなきゃいけないと思いました（「ユリイカ臨時増刊号　総特集　宮崎駿の世界」青土社、一九九七年、三一頁）。

それと同時に宮崎作品の舞台から悪役がおりてゆきます。「罰を下」されて当然と思われる悪役、お灸をすえられるべき「いまわしい人間」は退場しました。典型的な悪役は、一九八六年の特務将校ムスカを最後として姿を消します。それ以後の作品では、インダストリアの行政局長レプカ、カリオストロ公国の伯爵、TV『ルパン三世　第一四五話　死の翼アルバトロス』（一九八〇）の武器商人ロンバッハ、TV『ルパン三世　第一五五話　さらば愛しきルパンよ』（一九八〇）の永田重工の社長、といった悪役らしい悪役の出番はなくなります。

ふたつの側面が重ね合わせられている、このことに是非とも注意してください。ひとつは、私利私欲に走る悪役を罰することです。もうひとつは、産業文明を発展させる過程で自然から富を奪い、自然を破壊した人間たちを罰することです。上に名前を挙げた悪役たちは、かつて時代劇によく登場した、農民たちから年貢を搾り取って贅沢にふける悪代官のようなイメージとは結びつきません。注意しなければならないのは宮崎作品の悪役たちがいずれも産業文明の側に立っているということなのです。レプカは巨大な爆撃機ギガントを復活させるため太陽エネルギーを手に入れようとしていました。カリオストロ伯爵は、最新の印刷機を駆使して精巧な偽札の印刷に励んでいました。ムスカはラピュタの超科学力を我が物にしようとしていました。ロンバッハは超小型の原爆を開発してこれを売り込もうとしていました。永田重工の社長もまた小山田博士の研究成果を利用してロボット兵を開発し、この殺人兵器を政府などに売り込む計画でした。

悪役を退治して人間社会を浄化すること（〝道徳的な意味での浄化〟）、そして産業文明を滅ぼして自然環境を浄化すること（〝環境的な意味での浄化〟）、このふたつの（重なり合う）〝浄化〟という概念を宮崎は一九九〇年代に放棄しました。[3]

世の中には悪いヤツが必ずいて、そいつをやっつければ、この世はよくなるという考え方、あれは、もうやめようと思っているんです。そうじゃなくて、こうなったのは、みんなで一緒にやっちゃったんだというふうに思わないと、なにも道は生み出せないと思う（『虫眼とアニ眼』五三頁）。

そして、

八〇年代までは終末がどこか甘美に語られていたけれど、九〇年代に入ってから、このままズルズル生きていくという気分が明確になっている。〔……〕ミソもクソも一緒に生きようという考えしか、これからの世界には対応しようがないと思うんです（同、八四頁以下）。

浄化、は放棄されたのです。だからフジモトの遠大な世界浄化プロジェクトは「滑稽」なのです。これからは、「ミソもクソも」、善も悪も、清浄も汚濁も一緒にかかえてゆくしかないのでしょう。私たちは「アトピーもアレルギーもエイズもみんな」かかえこみながら、それでも健気に生きてゆくほかないのです。

深く豊かな森を破壊し、「大きな猪神」、ナゴの守《かみ》に鉛弾を撃ち込み「タタリ神」に至らしめ、さらにはシシ神にまで致命的な打撃を与えたエボシ御前《ごぜん》……、彼女は死ぬことはありませんでした。結局、片腕をモロに食いちぎられただけでした。たしかに彼女の所行には「悪魔」的なところもありました。だから、「宮〔崎駿〕さん、これエボシを殺した方がいいんじゃないですか」と「〔鈴木敏夫〕プロデューサーは〔……〕エボシは殺せ殺せと言い続けたんですけれど」も、「〔宮崎〕本人はそこから悩んで〔……〕二、三日経ってから、深刻な顔で〔鈴木のところに〕やってきて「やっぱり殺せない」って（笑）」。というのも、エボシ御前は、一方で「悪魔」のような側面をもっていながら、他方「ピュアのものを持ち続けている」からです。

湯婆婆や銭婆についてはどうでしょうか。『千と千尋の神隠し』の当初のストーリーは「湯婆婆に名前を奪われた千尋は、健気に働きながら、やがて名前を奪い返すために戦いを開始する。そして、湯婆婆をやっつける。ところが、湯婆婆の背後にはより強い魔女、姉の銭婆がいた。これに対抗するには千尋一人の力では難しい。そこでハクの力を借りて二人でやっつける〔……〕」だったそうです。しかし、ご承知のように、魔女の姉妹はふたりとも「やっつけ」られることはありませんでした。

そしてまた、「サリマン先生」や荒地の魔女も、結局、ハウルによって成敗されることはなかったのです。

アシタカの右手に残った傷は完全には癒やされません。最終的に、手の「アザはもう古い傷のようにな」りはしましたが、完全に浄化されることはありませんでした。彼は古傷を、言い換えると「タタリ神」の「ノロイ」の残滓を、一生かかえながら生きてゆくほかないのです。しかも、アシタカはこの後、シシ神を殺したエボシ御前とともにタタラ場の再建に取り組むのです。「湖に面した、まるで、悪質なオデキのようなタタラ場」の再建にです。きたない「オデキ」をまた緑のなかにつくるのです。

アシタカがタタラ場で生きるっていうのはものすごく面倒くさい、引き裂かれた状態で生きるっていうことを覚悟したっていうことでしょ？　だからそこまではいかなきゃいけないって思ったんです（宮崎駿『風の帰る場所』三三八頁）。

ソフィーの髪の毛も元には戻りません。元の栗色に戻ることはありません。彼女にも完全な浄化、呪いからの解放はもたらされません。若さは取り戻しましたが、今後、彼女は白い髪のままで生きてゆかねばならないのです。

そしてポニョはむしろ積極的に「汚濁」の世界に飛び込むことを決意しました。父フジモトの志向する「清浄」な世界を捨て去って。

だからポニョは、ときに添加物が多いといわれたりするハムをとくに好み、また加工食品のインスタントラーメンに舌鼓を打つのです。海で生まれ育ったにもかかわらず、塩素を含んだ水道水のなかに入れられてもまったく問題ありません。(4)

九〇年代に生じた宮崎駿の方向転換……、その転換点に位置する作品が三つあります。コミック版『風の谷のナウシカ』(一九九四)、『耳をすませば』(一九九五)、そして『もののけ姫』(一九九七)です。

『耳をすませば』を撮ったときというか、やっぱりコミック版の『ナウシカ』を描きあげたときですね。そのときにようやく、こういうところにきたんだなと思いました。それで『耳をすませば』みたいなものを強烈に作りたくなったんですね。ここで生きていくしかないんだなあっていう、そういうことですね。この〔聖蹟桜ヶ丘周辺の〕汚い街が終の住処かっていうそういう気分です.(『風の帰る場所』一八〇頁)。

実は、自分にとっては『耳をすませば』と『もののけ姫』（一九九七年）は対になる作品でね。同じ思想的な基盤から生まれてると思ってる（同、一五四頁）。

コンクリートロードのなかの「ミソもクソも一緒に」なった「汚い街」で健気に生きるふたりの中学三年生、月島雫と天沢聖司を描き出していたのが『耳をすませば』です。この「汚い街」には、かつて『となりのトトロ』に示された「本当の豊かさ」はもはやありません。地理的にさほど離れていないにもかかわらず、昭和三十年前後には東京郊外にもたしかに存在した「緑の中で暮らし、生物と出合う素晴らしさ」はもう存在しないのです。この「汚い街」のなかで出会える生物は、せいぜいのところ、家の塀の内側から外に出ることができず吠えまくっている番犬たち、そして飼い猫なのか野良猫なのかよくわからない、あやしい猫くらいです。

フジモトという男の頭のなかには壮大な環境浄化計画が秘められていました。コミック版『風の谷のナウシカ』のなかでこのフジモトに対応していたと考えられるのが「シュワの墓所」という存在です。

映画『風の谷のナウシカ』（一九八四）の原作となったのは一九八二年から月刊「アニ

メージュ」に掲載されていたコミック版『風の谷のナウシカ』です（この後、前者を『ナウシカ』（映）、後者を『ナウシカ』（漫）と略させてください）。現在、もっとも普及している『ナウシカ』（漫）は全体で七巻からなっていますが、『ナウシカ』（映）はおおむねその第二巻の途中までの内容をまとめたものと考えることができます。しかし、ただまとめただけではなく、設定もストーリーもやや変更が加えられています。たとえば『ナウシカ』（映）のクライマックスでは巨神兵がかなり重要な役割を果たしていますが、『ナウシカ』（漫）では、巨神兵はこの段階ではほんの少し姿を見せているだけでまだ役割らしい役割は何も演じていませんでした。

『ナウシカ』（漫）は映画版が完成・公開された後も宮崎によってさらに続きが（断続的に）描き継がれ、一九九四年にいたってようやく完結を見ます。[5]ということは、執筆がはじめられてから十二年の歳月が流れていたのです。

『ナウシカ』（映）で描き出されていた「腐海」について考えてみましょう。腐海はもちろん水をたたえた「海」ではありません。陸上に形成された森です。しかし私たちが見慣れた森ではありません。巨大な菌類の奥深い森です。そのなかには「蟲《むし》」と呼ばれる変わった生物たちが棲息しています。巨大な王蟲《オーム》をはじめ、大王ヤンマ、ウシアブ、ヘビケラ、ミノネズミ等々。いずれも私たちが見たことがない、架空の、そして奇怪な生き物たちです。

腐海のなかは「瘴気《しょうき》」という毒が充満しています。森の菌類から発生している有毒な物質です。この毒に人間は耐えることができません。防瘴マスクをつけずに腐海のなかで息をしていると「五分で肺がくさってしま」います。腐海は「死の森」です。ただし蟲たちには何も問題ありません。彼らは瘴気に耐えることができます。

瘴気は、いったいどこからどのように発生しているのでしょうか。『ナウシカ』（映）でははっきりと説明されていません。ただ、ナウシカの二つのセリフからある程度推測することはできます。最初はナウシカが風の谷の城の基部、自分の実験室（植物園？）でユパに語った言葉です。

ここの水は、城の大風車で地下500メルテからあげている水です。〔……〕きれいな水と土では、腐海の木々も毒を出さないと判ったの……。よごれているのは土なんです。

もうひとつは、腐海の奥底まで落下したナウシカがアスベルに語ったセリフです。

腐海の木々は、人間が汚したこの世界をきれいにするために生れて来たの。大地の毒を身体にとりこんで、きれいな結晶にしてから〔菌類は〕死んで砂になっていくんだわ。この地下の空洞はそうして出来たの。蟲たちはその森を守っている……。

「よごれているのは土」だといわれています。「大地の毒」という言い回しもあります。では、そもそも、この大地の毒をもたらしたのは何でしょうか。いったいだれが土をよごしたのでしょうか。人間です。千年前の「旧世界」の人間です。ナウシカも「人間が汚した」とたしかにいっています。では、いったい旧世界の人間はどのようにして世界を汚してしまったのでしょうか。『ナウシカ』（映）にははっきりとした説明はありません。しかし『ナウシカ』（漫）の見返しには次のように記されています。

ユーラシア大陸の西のはずれ〔つまりヨーロッパ〕に発生した産業文明は数百年のうちに全世界に広まり巨大産業文明を形成するに至った。大地の富をうばいとり大気をけが

> し生命体をも意のままに造り変える巨大産業文明は1000年後に絶頂期に達し、やがて急激な衰退をむかえることになった。「火の7日間」と呼ばれる戦争によって都市群は有毒物質をまき散らして崩壊し、複雑高度化した技術体系は失われ地表のほとんどは不毛の地と化したのである。

「火の7日間」と呼ばれる（最終）戦争によって世界中にまき散らされた「有毒物質」が、ナウシカのいう「大地の毒」の主要な原因であることを読み取ることができます。

では、この「有毒物質」と、瘴気という毒とは、どのようにつながるのでしょうか。この二つの毒は、ただちにはつながりません。ようやくコミック版第四巻にいたって、次のような記述に出くわすことができます。「瘴気は〔菌類の〕森が大地の毒をとり込むとき、わずかに樹外に放出する毒だ」と。つまり、腐海の森が地中の毒を取り込んで浄化作用をおこなう際に、副産物としてわずかに発生する毒、これが瘴気なのです。だから、ナウシカもいうように、きれいな水と土で育てれば、たとえ腐海の菌類でも瘴気を発生させることはありません。

さて問題はここからです。それは『ナウシカ』（映）と『ナウシカ』（漫）との決定的なちがいです。ただ『ナウシカ』（映）を目にしただけでは、腐海の菌類も、そして腐海に生きる蟲たちも、人間のいとなみとは関係なく、「火の7日間」という最終戦争のあとに自然に発生したかのように思われるでしょう。自然に、です。ところが、驚くことに、『ナウシカ』（漫）では、そうではなく、（最終巻である第七巻の真ん中あたりで）それらすべては、高度産業文明時代のエリート技術者が「火の7日間」の時代に人工的に造り出した生命体である、という事実が明らかになります。いったいなぜ旧世界の技術者たちはそのような人工生命体を造り出したのでしょうか。目的は地球の環境浄化です。数千年をかけて、世界の端から端までを人工生命体の森、つまり腐海で覆い尽くすことによって、大地にまき散らされた有毒物質をすべて浄化し、産業文明以前の清浄な空気、水、土を回復させるという、途方もなく遠大なプロジェクトだったのです。

それだけではありません。大昔の（すでに世を去って姿を消した）技術者たちが造り出したのは腐海だけではないのです。また腐海に住まう蟲だけでもありません。実のところ、腐海の外部の生態系も、また一種の改造をほどこされていたのです。ですからカイやクイのような「トリウマ」も人工的に造り出された生物です。テトのような「キツネリス」もまたそうです。そしてまた「草や木」もです。それどころか、人間そのものが造り変えられていました。腐海の毒に耐えられるように、です。もちろん、ナウシカの時代の人間たちも五分も腐海のなかで息をしていたら瘴気のために死んでしまいます。しかし、多少の腐海の毒には耐えられるように人体が改造されていたのです。顔面にマスクを装着すればとりあえず腐海の瘴気に耐えられるように造り変えられていたのです。耐えられるどころではありません。驚くことですが、むしろ少量の毒にさらされないと人類は生きられなくなってしまったのです。かえって毒を必要とするようになってしまった、それがナウシカの時代の人間の正体です。いえ、人間だけではありません。トリウマも、キツネリスもまたそうなのです。

　数千年後、計画通りに地球全体の環境浄化が完了したら、世の中はいったいどのように変貌するのでしょうか。産業文明が起こる以前のきれいな空気や水が取り戻されたら、世界はどうなるのでしょうか。菌類は「大地の毒を身体にとりこんで」「死んで砂にな」るというように、いったんは世界全体を、地表のすべてを覆い尽くすだろう腐海の森はすべて砂となり崩れ去ってしまうのでしょう。腐海の菌類はやがて地上から消滅してゆくのです。「その役目がすんだら亡びるようにも定められて」いるからです。すると、腐海を守っている蟲たちはその役割を失います。もちろん、自分たちの住む場所を失います。彼らが食べるムシゴヤシの森も消滅します。だから蟲たちもまた地上から消え去ってゆきます。そのようにして王蟲は、世界から姿を消すのです。

では、腐海という森の外部に住まう生き物たちはどうなるのでしょうか。キツネリス、トリウマ、そして人間たちは……。実は、彼らも生きながらえることができないのです。というのも、あまりに清浄な環境には耐えられないからです。先ほど述べたように、彼らもある程度の汚染に耐えられるように（というよりも、毒なしでは生きられないように）改造をほどこされていましたから。ですから、まったくきれいな空気を吸ったら、おそらく血を吐いて死に至るでしょう。

とすると、世界全体の環境浄化が完了したとき、すべての生命が世界から消え去ってしまうのでしょうか。地球上のあらゆる種が絶滅してしまうのでしょうか。地上はただひたすら砂だけの世界となり、地球はふたたび古代に立ち戻ってしまい、生命の進化が最初の一歩からやりなおされるというのでしょうか。そしてまた「カンブリア」「バクハツ」がおとずれるというのでしょうか。それからふたたび海の時代、デボン紀がやってくるのでしょうか。そうではありません。フジモトの計画とはそこがちがいます。

実は、清浄な環境に耐えられる「人間の卵」が保管されているのです。封印されているのです。旧世界のエリート技術者たちはそこまで配慮していました。人間だけではありません。その他、きれいな環境に十分に適応できる鳥、けもの、植物の「原種」、そして農作物までもが厳重に封印されていました。数千年後、地球全体の環境浄化が完了したあかつきにはその封印が解かれることになるのでしょう。では、それらはどこに保管されているのでしょうか。聖都シュワにです。

それだけではありません。実のところ、数千年後の、ナウシカ、アスベル、クシャナ、クロトワの子孫たちも、生きながらえることができるのです。いっていることがちがうではないか、と思われるかもしれません。たしかに先ほどは、生きることができない、といいました。たしかに、そのままでは浄化された環境に適応することはできません。数千年後の人間たちの肺からは血が噴き出して、彼らはみな倒れてしまうでしょう。しかし、いよいよ封印が解かれるとき、まさにそのとき、その時代に生きる人間たちもシュワの墓所まで足を運べば、生きながらえるため、肉体の再改造をほどこしてもらうことができるのです。

実に用意周到な計画、ということができるかもしれません。高度産業文明末期の技術者たちはけっして愚かではありませんでした。最終戦争の時代、彼らは彼らなりに限られた時間のあいだに「英知を集め」、考えに考え抜いて、そのような浄化計画、再生計画を案出し、実行に移したのです。

ところが、隠されていた事実に気づいたナウシカはそのプロジェクトに疑問をもちます。大きな疑念をいだきます。それでは、ナウシカ、そして彼女を取り巻くすべての生き物は、結局のところ、たんなる踏み台になってしまうからです。ナウシカが「世界でいちばん偉大で高貴な」存在とみなしている王蟲も、そして彼女に「愛で」られる腐海の立派な木々も……。腐海に生きる生命体だけでなく、愛すべきキツネリスやトリウマも……。さらにナウシカが慕い慕われる老若男女も……。生きとし生けるもの、そのすべてが、未来に清浄な環境が回復されるまでの〝つなぎ〟にすぎないのでしょうか。

ナウシカは、そのような生命操作の計画の線上に自分たちが載せられることを拒否します。王蟲、キツネリス、木々が載せられることもまた拒否します。たとえ技術者の手で計画的に造り出された生命体であろうと、「苦悩」しつつも健気に生きようとするものには、それぞれ固有の価値がある、と彼女は考えるからです。彼らは産声を上げるやいなや、おのおの自分の生き方を懸命に模索します。自分自身で模索するのであって、生きる方向性が何者かによってあらかじめ定められているわけではありません。人間はもちろんのこと、たとえ菌類であろうと蟲であろうと……。ナウシカは、ひとつひとつの生命を、他に代えようのないもの、ひとつの「奇蹟」とさえ考えています。

かつてのエリート技術者たちが考えも及ばなかった展開が繰り広げられたりすることもあるでしょう。けっしてすべてが「予測の内」とはいえません。(6)

ついにナウシカは（巨神兵の力を借りて）シュワの墓所を破壊することを決意します。『ナウシカ』（漫）の最終巻はナウシカと墓所の壮絶な対決で締めくくられます。シュワの墓所はたんなる保管庫ではありません。それ自身が生命体です。人工の生命体です。墓所の主はナウシカに警告します。それではおまえたちの子孫は生きながらえることができなくなるではないかと。そうかもしれません。腐海が（その役割を終えて）消滅するだけでなく、地上からすべての生き物が跡形もなく消え去ってしまうことになるかもしれません。しかし、ナウシカはその道をあえて選択しようとします。

私達の身体《からだ》が人工で作り変えられていても、私達の生命は私達のものだ。生命は生命の力で生きている。その朝〔つまり環境浄化が完了したとき〕が来るなら私達はその朝にむかって生きよう。私達は〔きれいな環境に適応できず〕血を吐きつつ、くり返しくり返しその朝をこえて飛ぶ鳥だ!!

シュワの墓所は葬り去るべきだという「ナウシカの決断」は「拙速」だった、という見解もたしかにあるでしょう。[7] そうかもしれません。墓所の主のいうとおり、「人類はわたしなしには亡びる。お前達はその朝をこえることはできない」のかもしれません。その可能性はけっして少なくありません。しかしながら、「私達の神は一枚の葉や一匹の蟲《むし》にすら宿っている」と考えるナウシカには、一つひとつの生命に対する尊崇の念と、ある種の期待……、むしろ期待にとどまらない信念があります。たとえ「その朝」がやってきたとしても、生命の奥底に「宿っている」秘めた力が必ずやはたらいて、すべての生命体が「亡び」去ってしまうのではなく、「血を吐きつつ」も、何とかして乗り切ることができる個体も出現するだろう……、出現するにちがいないと。だから、ナウシカは墓所の主に向けて強くうったえます。

生きることは変わることだ。王蟲も粘菌も草木も人間も変わっていくだろう。腐海も共に生きるだろう。だがお前〔＝墓所〕は変われない。〔旧世界の技術者たちによって千年前に〕

組み込まれた予定があるだけだ。

ポニョは（宗介の血をなめて）変わりました。海で生まれ育った「きんぎょ」は水道水（＝塩素を含んだ淡水）に入れられたら生きることができないはずです。しかしポニョは「血を吐」くこともなく、見事に適応しました。彼女はハードルを「こえること」ができました。添加物の多い加工肉のハムは、ポニョには食べられないはずです。しかしこれもすぐに彼女の好物になりました。

蛇足になってしまうかもしれませんが、コミック版『風の谷のナウシカ』でも〝環境的な意味での浄化〟と〝道徳的な意味での浄化〟という、ふたつの浄化をナウシカが放棄していたことを確認しておきましょう。

長期にわたる浄化計画のいかがわしさに気づいてナウシカが墓所の破壊に踏み切ったと先ほどはいいました。(8) しかし、もちろん、彼女は、生命を操作することだけでなく、浄化することと自体に疑念を抱いています。「私達は腐海と共に生きて来たのだ。亡びは、私達のくらしのすでに一部になっている」とナウシカは墓所の主に告げます。腐海は不快な森かもしれないが、すでに時代の人々の生活の一部となっていて、むしろ腐海なしの生活など考えられないということでしょう。彼女は、「清浄と汚濁《おだく》」を分けて、汚濁をどこかに葬り去ろうとは考えていません。「ミソもクソも一緒に生きようという考えしか、これからの世界には対応しようがないと思」っています。

〝道徳的な意味での浄化〟にもナウシカは異を唱えます。彼女は言い放ちます、「苦しみや悲劇やおろかさは清浄な世界でもなくなりはしない。それは人間の一部だから……」と。シュワの墓所に保管されていた「人間の卵」の「人間」は、きれいな環境に耐えることができるだけの人間ではありませんでした。この「卵」状態で永久保存されていた「人間」は道徳的な意味でも浄化されたものだからです。私たちとはまったく異なって、「凶暴ではなくおだやかでかしこい」人間だからです。このことをナウシカから教えられたトルメキアのヴ王は「そんなものは人間とはいえん」と断じていますが、これは宮崎自身の言葉といっていいでしょう。

「人間は度し難い」と司馬遼太郎が発言したとき、堀田善衞が「そうだ。人間は度し難い」と大きな声でこたえたそうです。宮崎を交えて三人で対談をしていたとき、司馬の口からもれ出た言葉です。宮崎はこのことについて、「忘れられない」と書き記しています。また「気を軽くしてくれました」とも語っています。ただ「おだやかでかしこい」だけの人間などありえないのです。「度し難い」ところ、救いようがないところがあるのもまた人間なのです。

（1）謎の人物、ネモ船長は『海底二万里』の六年後に公刊された『神秘の島』（一八七五）でも姿を見せて、その正体がインドの藩王国の王子、ダカール王子であることが明らかになります。とすると、その忠実な部下たちもインド人であると考えられます。しかし、『海底二万里』と『神秘の島』のあいだには辻褄の合わないところがいろいろとありますので、さしあたって『神秘の島』を考慮に入れずに『海底二万里』だけを参照することにします。

（2）http://inhabitat.com/defiant-navy-releases-report-that-shows-testing-could-kill-hundreds-of-whales-and-dolphins/をご覧ください。

（3）道徳的な意味での浄化と環境的な意味での浄化の重なり合いは、わが国に古くから伝承されている「けがれ」や「みそぎ」の概念に関連づけることができるかもしれません。ただ、この関連について論じるのは別の機会に譲りたいと思います。

（4）ハム、ソーセージ、ベーコンなどの加工肉には発がん性があると世界保健機関（WHO）の専門機関、世界がん研究機関（IARC）が二〇一五年に発表しました。発がん性のレベルは五段階ありますが、加工肉は、喫煙、アスベストと同じく、もっともリスクの高い「グループ1」に分類されました。

（5）コミック版『風の谷のナウシカ』の詳細については、稲葉振一郎『ナウシカ解読』（窓社、一九九六）、小山昌宏『宮崎駿マンガ論』（現代書館、二〇〇九）、赤坂憲雄「宮崎駿／ナウシカ的世界へ」(「本の窓」小学館、二〇〇三年一月号〜二〇〇四年三・四月号所収)をご覧ください。

(6)この点に関して、宮崎は、「「風の谷のナウシカ」に出てくる「腐海」は千年前に人間が、環境の浄化のためにつくった装置だったわけですが、つくった人間たちにしても、腐海がどういうふうに変わっていくかまでは予見することはできなかった」(『出発点』二〇〇頁)、あるいは「意図するものと、もたらされるものとは違うんです。だから腐海は人工的に仕組まれた生態系として発動したけれど、それがこの世界で、時間の中で違うものになっていく」(同、二〇一頁)とも述べています。

(7)微生物生態学を専門とする長沼毅の見解です(『ジブリの教科書1　風の谷のナウシカ』文藝春秋、二〇一三年、二二五頁)。

(8)「コントロールというのは、必ず反作用を運んでくるというのが二十世紀の実験結果でした。全てのコントロールがことごとく失敗しているというのが、環境問題を含めて二十世紀の結論だと思います」(『折り返し点』一八五頁)。

二　『風立ちぬ』と半径３００メートル

二十一世紀に入ってから宮崎は「半径何々メートル」という言い回しをさまざまな機会を通じて口にするようになりました。下にいくつか例をあげてみましょう。

> だから半径３００メートルとか５００メートルって言ってるんですけど、それ以上先のことは、ちょっと勘弁してくれっていう〔……〕（宮崎駿『続・風の帰る場所』七六頁）。

> 今、自分は半径20メートルで生きています。映画もテレビも観ない。盛り場へも行か

ない。インターネットも携帯も持たない。自分の見たものだけで世界の気配を感じようとしています。毎朝決まった道のゴミ拾いをして、コーヒーを飲みに行く（『続・風の帰る場所』二二一頁）。

半径30メートルか100メートルか。それが自分のできる範囲の限界で、それでいい、と思うしかない。以前は世界のためか人類のためか、何かしなきゃならない、と思っていたが、ずいぶん変わりました。社会主義運動にも興味がなかったわけではありませんが、甘かった（朝日新聞、二〇一三年七月二十日）。

どれもみな今世紀になってからの宮崎の言葉です。しかしながら、よく調べてみますと、すでに前世紀に、言い換えると二十世紀にも、まだ「半径何々メートル」という定型化した言い回しにはなっていないものの、同じ方向性をもった発言を見いだすことができます。

環境問題も、近所の川の掃除を地元でやっているから、暇があるときはそれに参加する、それでいいと思っています。それだって、根本的には何の解決にもならないですよ。落ちているビニール袋を拾うとか、そういうことですから。要するに総論でやっているとどうしようもないことが多すぎる。〔……〕だから、シンポジウムや講演で壇上から大きなことをしゃべるより、そういうことをやっているほうが、自分に相応しい（『出発点』五三二頁）。

この発言は一九九四年当時のものです。コミック版『風の谷のナウシカ』が完結したときに宮崎の口からもれ出た声です。

私が何を言おうとしているのか、きっともうおわかりでしょう。シュワの墓所を核とする遠大な地球環境浄化プロジェクトに対してナウシカが否を唱えたように、宮崎も「大きなことをしゃべる」のはつつしむことにしたのです。「以前は」大上段に振りかぶって「世界のためか人類のためか、何かしなきゃならない、と思っていた」ようです。が、「ずいぶん変わりました。」いまは、「毎朝決まった道のゴミ拾いをし」たり、「近所の川の掃除を地元でやっているから、暇があるときはそれに参加する、それでいいと思っています。」したがって、大きく構えて遠大な浄化計画を構想（というか妄想）しているフジモトという存在は、いまとなっては「滑稽」でしかないのです。

「総論で山の上から見たり、飛行機の上から見ると、〔東京がカビがはびこったふうにしか見えないので〕これはダメだと思」い、現代の産業文明の全体に対してお灸を据えたくなります。ついつい「根本的」な「解決」に取り組みたくなってしまいます。「バルス!!」と叫んで、いまわしい人間たちを懲らしめたくなります。時間の歯車を逆転させ、産業文明以前の豊かな自然環境を回復したくなります。「ディープ・エコロジスト」と呼ばれる人々は、そのように考えているのかもしれません。

> ディープ・エコロジストたちは、とにかく〔世界の〕人口を減らすべきだという。どこまで減らすかというと、もともとアメリカ大陸にインディアンたちが暮らしていた数まで減らす。〔地球全体で〕二、三百万人ですか。それぐらいの人間だったら、テクノロジーがあっても自然をそれほど破壊しない生き方ができる（『出発点』三四〇頁）。

これは宮崎の発言ではありません。宮崎と対話をしていたとき、相手のカレンバックの口から出た言葉でした。それでは、宮崎自身は、この件についてどのように語っていたのでしょうか。

全面的にディープ・エコロジストになって、自然のなかに入って幸せになれるっていったって、幸せにならないですよ。縄文時代の人が、みんな幸せだったかというと、違うでしょ（『折り返し点』二〇四頁）。

それにしても、いかなるプロジェクトによって、何をどのようにすれば、七十億人まで増えてしまった世界人口を「二、三百万人」まで減らすことができるというのでしょうか。世界の終末が、一九八〇年代には一種「甘美」なものとして、期待されたところもあった。いまわしい人間と、いまわしい産業文明を地上から清算してくれるものとして。しかし、終末はやってこなかった。しかも、かりに終末がやって来れば人類の「阿鼻叫喚」は避けられない。終末を期待することは「残忍」でもある。数多くの人の死を待ち望むことなのだから。そもそも、産業文明が廃された人間社会は望ましいものなのか。たしかに大昔の自然は豊かだっただろう。地上は緑にあふれていただろう。空も海も青々としていただろう。環境は「清浄」だっただろう。しかし、縄文人は現代人よりも幸福だったのだろうか、はたしてアメリカ先住民はニューヨークで生活する現代人よりも幸福だったのだろうか、というわけです。

転換が生じた、ということができるでしょう。遠大なプロジェクトから半径３００メートル以内で出来ることへ、です。

注意が必要です。やはり、やるべきことは、やらなければなりません。避けるべきは、気の遠くなるような壮大なプロジェクトです。けっして手をこまねいているわけではありません。「浄化」がまったく放棄されたわけではありません。無為無策ではありません。いまここで出来ることは、しっかりしておかなければならないのです。とりあえずは、「近所の川の掃除」を、時間の余裕があって出来るときにはする、ということです。朝の散歩のとき、足もとにゴミが落ちているのを目にしたら、見て見ぬ振りをしないで手を伸ばして拾い上げる、ということです。「トトロのふるさと財団」における活動（たとえば雑木林の下草刈り、落ち葉掃き、ゴミ拾い）もそのひとつでしょう。

宮崎に生じた転換は、作品のなかに、具体的にどのようなかたちであらわれているのでしょうか。私には、この転換現象をもっとも象徴的に示している作品が『風立ちぬ』であるように思われます。

まずシベリヤケーキという食べ物が登場するシーンに眼差しを向けてみましょう。名古屋です。日が暮れてからもう随分と時間が経過したころでしょう。仕事を終え、「つかれきっ」た堀越は市街電車から降り、徒歩で自分の下宿に向かいます。その途中、小さなパン店でシベリヤを二つ買い求めます。夜食として口にするつもりだったのでしょうか。そのとき、街頭の暗い光のもとに幼い子どもたちがたたずんでいることに気づきます。三人きょうだいです。まず年長の姉がいます。彼女は赤ん坊を背負っています。その弟はうずくまって地面に何か描いています。店の主人から「親のかえりがおそくてねぇ。いつもあして待ってるんだよ」という話をきかされます。堀越は、その子どもたちに近づいて、「君たち、ひもじくない？」「これを食べなさい」と声をかけます。しかし、姉は何もこたえず、表情をかたくし、堀越から差し出されたシベリヤをついに拒否します。弟の手を引っ張り、細い路地のほうへ姿を消してゆきます。貧しくても、ひもじくても、見ず知らずの他人から施しを受けるほど落ちぶれてはいない、ということでしょうか。

その後、下宿に戻った堀越はこの出来事について本庄に話したのでしょう。親友から「そりゃ偽善だ」と容赦なく批判されます。「お前……その娘がニッコリして礼でもいってくれると思ったのか」と問われます。堀越は、いったん「ちがう」と否定しますが、すぐに「いや……そうかもしれない」と訂正します。是非とも注意していただきたいのが、その後、本庄の口からもれ出た言葉なのです。「腹をへらしている子供なら、この横丁だけでも何十人もいる。隼〔型戦闘機〕のとりつけ金具一個の金で、その娘の家ならひと月はくらせるよ」〔……〕「二郎、今回の〔三菱への〕技術導入で〔ドイツの〕ユンカース社にどれだけ金を払うか知っているか。日本中の子供に天丼とシベリヤを毎日くわせてもおつりが来る金額だ。」

これが（宮崎いうところの）「総論」なのです。「総論」からすれば、堀越の行動は「偽善」かもしれません。また「腹をへらしている」子どもたちは昭和初期の日本各地にたいへん多く存在していたのですから、目の前の子どもたちにシベリヤを二切ればかり分け与えたところで「根本的には何も解決にもならない」でしょう。しかし、「総論でやっているとどうしようもないことが多すぎる」のです。堀越は、本庄のように三人の子どもから出発して「何十人」の子どもへ、さらに「日本中の子供」へと話を広げて「大きなことをしゃべる」ことはしません。とりあえず目の前の、半径数メートルの圏内にある問題に対処しようとしているのです。だからシベリヤケーキを子どもたちに差し出したのです。

そうすると、このアニメーション作品のはじめの部分にあらわれていた「ケンカ」の意味もはっきりしてきます。正直に申しますと、私は、最初はこのシーンの意味がよくわかりませんでした。十三歳の堀越少年が「フダつきのワル」三人をおそれず、彼らに立ち向かい、一本背負いで投げ飛ばすというエピソードがなぜこの作品にわざわざ挟み込まれていたのか、なぜこのシーンがアニメーション『風立ちぬ』にとって必要なのか、当初はよくわかりませんでした。というよりも、違和感を覚えていました。

堀越は正義感の強い少年だった、というありふれた言いまわしでけっして済ませたくはありません。むしろ、自分の目の前で下級生がからかわれ、いじめられていたら見て見ぬ振りをすることはできない、ということではないでしょうか。半径数メートルで発生している問題に堀越という男はとりあえず対処するのです。対処しないではいられないのです。

堀越少年はけっして話を広げません。「大きなことをしゃべ」りません。問題を広げることはありません。高山という同級生が下級生をいじめていた、と学校の先生に訴えることはありませんでした。いじめの存在を自分の母にさえ告げなかったのですから。結局、半径数メートル以内の対応ですべてを済ませています。

もちろん関東大震災という大惨事が起こったときの堀越の対応、行動にもこれがあてはまります。右足首の骨を折って自分では歩くことができなくなったお絹さんに対してためらうことなく（自分のトランクから計算尺を取り出して添え木にするという）応急処置を施し、みずから背負い、上野の山まで彼女を運び、無事救出しました。

そのしばらく前、三等車の窓際に腰掛けていた堀越が、風呂敷をかかえて通路に立っていた女性（「実家に急用」のできた「女中さん」）に、「そこのひと、ここへおすわりなさい」と声をかけて、席を譲っていたことも忘れないでおきましょう。

半径数メートルへの対処……、それは、「総論」の立場からすると、視野が狭い、近視眼的、と思われるかもしれません。たとえば菜穂子との結婚生活です。高原病院を抜け出し名古屋駅まで汽車でやって来た菜穂子を堀越は受け入れ、上司・黒川宅の離れでともに暮らすことを決意します。この決断は菜穂子の命を縮めることにつながった、と「総論」はいうかもしれません。黒川もはじめは「彼女の身体をおもうなら、できるだけはやく山〔の病院〕にもどさなければならないぞ」と告げていました。たしかに、そのまま高原病院で肺結核の治療・静養に専念していれば、菜穂子は一年、あるいは二年、寿命を延ばすことができたかもしれません。しかし、目の前にいる愛する人の気持ちを受け入れる、それが第一でした。結果としてどちらがよかったのか、いうまでもありません。

堀越と菜穂子の結婚式も半径数メートルのなかで挙げられました。実につつましい結婚の儀式です。立ち会ったのは黒川主任とその夫人だけ。たった四人の結婚式です。堀越、里見両家の家族すら列席していません。衣装もあり合わせのものにすぎません。しかし、心のこもった、そして思い出に残る結婚式になりました。

対して、大公家のクラリスとカリオストロ伯爵の結婚式はどうだったでしょうか。きわめて盛大な規模で催されています。「結婚式を見に来た」「観光客」で公国の城下町はあふれています。礼拝堂には各国の代表と思われる人々も数多く参列しています。もちろん頭のてっぺんから足先までしっかりと整えられた正装です。カトリックの総本山バチカンからは大司教が招かれています。テレビカメラも礼拝堂のなかに入れられて、式の映像が「宇宙中継」で世界に配信されています。その配信の範囲はいったい何千キロにまで及ぶのでしょうか。しかし、ふたりの結婚式は、内容空疎、虚飾と計略に満ちたものでした。「八紘一宇」「大東亜共栄圏」「五族協和」といった漢語を、世の指導者たちがしきりに口にしていた時代がありました。もちろん、堀越二郎（一九〇三～八二）や本庄季郎が「力を尽して」日本の戦闘機を設計していた時代です。いまにして思えば実に内容空疎、また虚飾と計略に満ちた言葉ではありませんか。それにしても、半径をいったい何百キロメートル、いや何千キロメートルにまで広げようというスローガンなのでしょうか。中味はともかくも、スケールだけは大きかったということができるでしょう。

昭和初期、このような半径巨大な言葉から背を向けていた作家がいました。その人こそ『風立ちぬ』の著者、堀辰雄（一九〇四〜五三）です。

〔堀辰雄の作品を〕若いころに読んだが、〔宮崎は〕実はピンとこなかった。古書店で見つけ、たまたま読み直した。繰り返し読むうちに『美しい村』『晩夏』はすばらしいと気づいた。堀辰雄は戦時中、（長野県軽井沢の）追分で過ごしていた。あの寒い追分の冬を過ごすとは、〔結核という〕病を得た）体のためという以上になんらかの覚悟があったのではないか。しかも戦争のせの字も一切書かず、干上がるのを覚悟して『大和路・信濃路』を書いた。そういうことがだんだん分かってきて、この人は線が細そうに見えて、ものすごく骨太で強い人だなと思った（日本経済新聞、二〇一三年七月二十七日）。

「世界のためか人類のためか、何かしなきゃならない、と思っていた」、まだ「若いころ」の宮崎には堀辰雄の小説は「ピンとこなかった」のかもしれません。堀は、「世界」だの「人類」だのといった半径の大きな言葉をみだりにもてあそぶようなタイプの文学者ではありませんでしたから。

いま宮崎が言及していた『大和路・信濃路』（一九四三）から以下のような箇所を引用してみましょう。ある秋の夕暮れ時、奈良の唐招提寺を訪れたときのことです。

〔唐招提寺の〕円柱の一つに近づいて手で撫でながら、その太い柱の真んなかのエンタシスの工合を自分の手のうちにしみじみと味わおうとした。僕はそのときふとその手を休めて、じっと一つところにそれを押しつけた。僕は異様に心が躍った。そうやってみていると、夕冷えのなかに、その柱だけがまだ温かい。ほんのりと温かい。その太い柱の深部に滲み込んだ日の光の温かみがまだ消えやらずに残っているらしい。

僕はそれから顔をその柱にすれすれにして、それを嗅いでみた。日なたの匂いまでもそこには幽《かす》かに残っていた。……

堀辰雄はいたずらに話を広げることはありません。「大きなことをしゃべ」ったりしません。ごく身近に存在するものに目を向け、手をさしのべて感触を確かめ、顔を近づけて匂いをかぎとり、耳をそばだてて音をききとり、そのときその場で受けとめた感覚をいつくしみ、貴重な財産としてみずからの心の内に大切に収蔵するのです。

宮崎が「すばらしい」と賛辞を呈している『美しい村』(一九三四)にはどのような文章が記されているのでしょうか。舞台は六月の軽井沢です。

山鶯《やまうぐいす》だの、閑古鳥《かんこどり》だのの元気よく囀《さえず》ることといったら!〔……〕すこし、ぼんやりしていると、まだ生れたての小さな蚋《ぶよ》が僕の足を襲ったり、毛虫が僕の帽子に落ちて来たりするので閉口です。〔……〕どこへ行っても野薔薇がまだ小さな硬い白い蕾《つぼみ》をつけていいます。それの咲くのが待ち遠しくてなりません。これがこれから咲き乱れて、いいにおいをさせて、それからそれが散るころ、やっと避暑客たちが入り込んでくることでしょう。〔……〕僕は、あなた方さえ知らないような生の愉悦を、こんな山の中で人知れず味《あじわ》っているんですもの。〔……〕こんな淋しい田舎暮しのような高価な犠牲を払うだけの値《あたい》は十分にあると言っていいほどな、人知れぬ悦楽のように思われてくるのだった。

「あなた方さえ知らないような生の愉悦」、「人知れぬ悦楽」はどこにあるのでしょうか。

もちろん、感覚のうちにあるのです。それは、聴覚、触覚、視覚、嗅覚、味覚における「愉悦」、「悦楽」にほかなりません。いずれもみな、手の届く範囲のなかにあるものから受け取った感覚です。

チャップリンによって描き出された独裁者ヒンケルではありませんが、テーブルの上に世界地図を大きく広げ、「悦楽」のうちにみずからの野望を頭のなかで繰り広げていた権力者たちが少なくなかった時代です。その時代に、堀辰雄はまったく別の次元にみずからの「愉悦」、「悦楽」を見いだしていました。しかし、それは、宮崎も述べているとおり、「干上がるのを覚悟して」のことでしょう。国民（いえ、「臣民」でした）の戦意高揚に寄与するような作品に手を染めれば時の権力者に気に入られ、もてはやされたにちがいありません。けれども、堀辰雄は「戦争のせの字」も書くことはありませんでした。文学者だけではありません。音楽家も画家も映画監督も、漫画やアニメーションまでもが総力戦に加担することを当局から求められていた時代です。たとえば『アッツ島玉砕』（一九四三）などの戦争画を描くことになった藤田嗣治（レオナール・フジタ）（一八八六～一九六八）のように。

堀辰雄とともに「驢馬」の同人だった小説家、佐多稲子（一九〇四～九八）が（昭和五十年に）次のように述べていました。

強さみたいなものですね。堀〔辰雄〕さんの文学に対して認めるところはそこだという気がするんです。〔太平洋〕戦争中のあの空気を知っているわれわれとしては、それは実感ですね。あのときに自分の世界を守ることはどんなにかたいへんだった、強い抵抗であったということを思うんです。あのときに堀さんが〔多くの人々に〕読まれたのも、そういうものとして読まれたんだなアと思うんです。〔……〕あの時代の中で堀さんが書いているものは、たとえば「戦争」ということばは一言も出てこないのですよ。偉いと思いますね。

感覚によってもたらされるであろう「愉悦」、「悦楽」は、棚からぼた餅が落ちてくるように、ただ待っていて得られるものではありません。そのときその場でしか得られないからです。やはり、現場におもむかなければなりません。もちろん、みずからの足を使ってです。堀辰雄は肺結核という死に至る病をかかえながらも、驚くほど自分の足を使って歩いた人でした。散歩をした人でした。でなければ、「人知れぬ悦楽」など味わうことはできないでしょう。たとえば、『美しい村』をひもといてみると、「私は毎日のように、そのどんな隅々までもよく知っている筈《はず》だった〔軽井沢の〕村のさまざまな方へ散歩をしに行った」、あるいは「私はそういう長い散歩によって一層生き生きした呼吸をしている自分自身を見出した」、さらに「私は仕事の方はそのまま打棄《うつちや》らかして、毎日のように散歩ばかりしていた」といったフレーズに出会うことができます。

そして『菜穂子』（一九四二）の主人公・黒川菜穂子にも散歩をさせています。

〔八ヶ岳の麓にある結核の〕療養所のまわりには、どっちに行っても日あたりの好い斜面がある。菜穂子は毎日日課の一つとして、いつも一人で気持ちよく其処此処《そこここ》を歩きながら、野茨《のいばら》の真赤な実などに目を愉《たの》しませていた。温かな午後には、牧場の方までその散歩を延ばして、柵を潜《くぐ》り抜け、芝草の上をゆっくりと踏みながら、真ん中に一本ぽつんと立った例の半分だけ朽ちた古い木にまだ黄ばんだ葉がいくらか残って日にちらちらしているのが見えるところまで歩いて行った。

菜穂子は作者・堀辰雄の「分身」であると評する人もいます。

「狩人」と作家モーパッサンに呼ばれた画家がいました。まるで狩人のように、自然のなかをあちらへ、またこちらへと渡り歩いた画家です。銃のようにカンヴァスを持ち歩いて。クロード・モネです。モーパッサンはモネの制作に同行したことがあったのです。

モネは、海へ、山へ、川へ、峡谷へ、島へ、農場へ、駅へ、大聖堂へとみずからの足を運びました。視覚を刺激してくれる光景に出会うためです。その光景を「狩人」のようにとらえて持ち帰るためです。たとえ同じ場所だろうと一度では済ませません。時刻や天候によって陰影も色彩もかならず変化するからです。モネは、いまこのときという瞬間をひたすら待ち、機を逃さず、素早く、目に映る光景をカンヴァスにうつしとっていました。

モネは印象派を代表する画家です。印象派が世に台頭する以前、西洋絵画の世界には確固たるヒエラルキー（階層）がありました。歴史画、宗教画、神話画が高いランクのジャンルとして尊重され、肖像画、風俗画、風景画、静物画はより低いところに位置づけられていました。とすると、印象派の人々が取り組んだ風景画は、ランクが低いことになります。もちろんモネもそのことはよく知っていました。しかしモネは視覚の人でした。彼が絵のモチーフとしたのは、自分の目に映し出された光と影、そして色彩でした。セザンヌが有名な言葉を残しています。「モネは眼にすぎない……。だが、ああ、何という眼なのだろう！」

カリオストロ伯爵がただひとりで朝食をとっています。脇にはジョドーが控えています。伯爵の背後の壁には一枚の絵がかかっています。有名な絵です。《ホラティウス兄弟の誓い》（一七八四）という歴史画です。この大作を描いたのはフランス古典主義を代表するジャック＝ルイ・ダヴィッド（一七四八〜一八二五）です。本物はルーヴル美術館におさめられています。したがってカリオストロ城にあるはずはありません。ということは、この絵もまた偽物なのでしょうか。地下工房で印刷されている各国の紙幣と同様に。

古代（紀元前七世紀？）、ローマ人とアルバ人とのあいだで戦争になりかけたとき、双方から三人の勇士が代表として出て闘い、その勝負で決着をつけることになりました。ローマの代表となったのがホラティウス家の三人の兄弟たちです。結果はローマ側の勝ちでした。死闘の末、ホラティウス兄弟のうちのひとりが生き残ったからです。この絵は、すでに武装した兄弟たちが国家の犠牲になることを父親の前で誓っている場面を描き出したものです。右側でうなだれているのは彼らの母と姉妹などです。

スケールの大きな歴史画です。ほんの一瞬をとらえた作品ではありますが、彼らのはたらきがふたつの国家の運命を左右するからです。三人の若者がローマの運命を背負っているからです。その意味で半径巨大な絵ということができるでしょう。しかも、そもそも、このシーンが画家ダヴィッドの視覚を直接刺激したはずはありません。場所も時代も遠く離れているからです。時空をはるかにまたぐという意味でも半径が大きな作品です。もちろん、ダヴィッドの想像力が生みだした作品です。

この《ホラティウス兄弟の誓い》と、モネに代表される印象派の作品とのあいだには大きなへだたりがあります。印象派のコレクションを展示した「ワシントン・ナショナル・ギャラリー展」(二〇一五)の開催に際して、三菱一号館美術館の館長、高橋明也は「半径5メートルの世界」、あるいは「身の回りのものを大切に慈しむIntimate〔親密〕な皮膚感」という言葉遣いをしていました[1]。

随分と遠回りをしましたが、「はじめに」で提起した問題にこたえることができる地点にまでようやく到達したようです。なぜ軽井沢の丘で筆をふるっている菜穂子が描き出されているシーンがモネの《パラソルをさす女》(一八八六)によく似ているかという問題です。おそらく引用でしょう。宮崎はあえて引用したのでしょう。ダヴィッドのように「国家」だとか「戦争」だとか「大きな」テーマに接近せず、自分の感覚の届く範囲のものにひたすら眼差しを向けようとしていた画家の作品を。

ただ、ひとつ注意しておきたいことがあります。たしかに、モネにしても堀辰雄にしても、まずもって「身の回りのもの」に視線を注ぎ、手をさしのべ、耳を傾け、それらを「大切に慈しむ」姿勢を貫きました。だからといって、彼らが近視眼的だったわけではありません。けっしてそうではなかったのです。このことだけはいっておかなければなりません。

まずモネについて検討しましょう。彼の場合、ピサロ、ルノワール、シスレーら印象派の仲間たちとはもちろんのこと、バルビゾン派の画家たちとの交友もありました。画家だけではありません。さまざまな文学者とも交流していました。モーパッサンについてはすでに述べましたが、ほかにもリアリズム作家エミール・ゾラ、詩人ステファヌ・マラルメ、『さかしま』のユイスマンスなど。

モネの書架には美術関係のものは当然として、さまざまな文学書も収められていました。ホメロス、ペトラルカ、ダンテ、シェイクスピア、セルバンテスのようなヨーロッパの古典文学、そしてアメリカのエドガー・アラン・ポー等々。もちろん同時代の美術批評にも目を配っていたようです。モネはけっして視野の狭い人ではありませんでした。目の前の現象にだけ関心を払っていた、たんなる眼の人ではなかったのです。

では堀辰雄はどうでしょうか。彼もけっして自分の身の回りの事象だけに注意を向けていたわけではありません。若い頃からフランス文学に親しんでいました。コクトー、ラディゲ、プルースト、モーリヤックあるいはリルケから強い影響を受けています。室生犀星、萩原朔太郎、芥川龍之介の薫陶を受けた堀は、もちろん古今の日本文学にも精通しており、後期には『更級日記』『蜻蛉日記』といったわが国の古典を題材とした作品ものしています。

（同人「驢馬」全体の傾向でもありますが）堀は社会主義運動の動向に対しても大きな関心を向けており、中野重治らとエンゲルス『反デューリング論』の輪読会を行っていたほどです。

（1）http://mimt.jp/nga/sp_01.html をご覧ください。

三　宮崎作品と身分、階級、序列

身分差別のある社会、また階級や序列をもった組織に対して宮崎が好感をもっていないこと、それはまちがいありません。

思想的に、いわゆる〝左翼〟の側にいたことと無関係ではないでしょう。たとえば、「〔大学時代に〕一番描きたかったのは〝革命モノ〟〔の漫画〕ですね。〔……〕社会主義革命の、ある舞台を切り取って作りたかったんですよ。しかも日本を舞台にして」と述べています。東映動画に入社した若い時期には先輩・高畑勲とともに労働組合活動の先頭に立ち、また現在も日本国憲法第九条を変えることは「もってのほか」と考えており、沖縄のアメリカ軍普天間飛行場の名護市辺野古への移転に反対という立場をはっきりと表明し、新基地建設阻止のために設けられた「辺野古基金」の共同代表に就いています。ただ、宮崎の政治的立場についてあまり深入りはしたくありません。本書を手に取られている方を混乱させることもあるでしょうから。それでも、ある程度はふれざるをえません。

ここで、本題からやや離れてしまいますが、社会主義（共産主義）について、ざっくりと、簡単に話をさせてください。

カール・マルクス（一八一八〜八三）に代表される社会主義（共産主義）は、歴史を発展させるのは、精神や理性ではなく、人間が自然に働きかける「生産力」だと考えました。生産力を道具や技術と言い換えることもできるでしょう。そして歴史の発展段階に応じて「生産関係」が決まります。マルクスらは、歴史は、未開社会の原始共産制からはじまって順番に、古代奴隷制、中世封建制、近代資本制、そして（将来的に）社会主義（共産主義）へと段階的に発展すると考えたのですが、「生産関係」とは、古代奴隷制における自由市民と奴隷との関係、中世封建制における領主と農奴との関係、資本制における資本家と労働者との関係を指します。もちろん、いずれの段階でも階級が分裂しており、前者が後者よりも優位に立っています。たんに分裂しているだけではありません。前者と後者は、対立関係、相争う関係にあると言ってよいでしょう。マルクスは「従来の歴史は、階級闘争の歴史だった」と述べています。

「生産力」の発展とともに既存の「生産関係」に矛盾が生じてきます。すると階級闘争が激しくなり、ついには社会に革命的な変化が生じ、より高いレベルの、新しい歴史的段階へと移行するのです。

十九世紀に生きたマルクスも、そして現代に生きる私たちも資本主義社会のもとで暮らしています。この社会では、「生産手段」を所有する資本家が、労働者を賃金で雇い、利潤を追求しています。「生産手段」とは、原材料、工場の土地、建物、設備などのことです。この資本主義社会では、労働者は「搾取」され、「疎外」されています。「搾取」とは労働の成果が資本家に横取りされているということです（一パーセントの富裕層が、近いうちに世界の富の五十パーセントを所有することになる、ともいわれていますが……）。それだけではありません。賃金労働者からは人間性、尊厳が失われています。労働者は、工場のなかでまるで機械の付属物のようにこき使われ、物を作るよろこびや誇りは失われ、自分の労働力を切り売りするだけになっています。

マルクスによれば、このような資本主義社会は打倒すべきです。労働者階級が立ち上がって打倒すべきです。革命を起こし、資本家を肘掛け椅子から引きずり下ろし、階級のない、そして私有財産のない、言い換えると生産手段を社会全体で共有するような社会をこの世に実現すべきだというのです。「労働者」が、正義を実現する、いわば神聖な階級としてとらえられていることに是非とも注意を向けてください。

回り道をしてしまいました。元に戻ることにしましょう。

いま上に述べたような社会主義（共産主義）的なものの考え方を、かつての宮崎、そして高畑が受け入れていたことはまちがいありません。東映動画で高畑勲が中心になって制作されたアニメーション『太陽の王子　ホルスの大冒険』（一九六八）がその証拠といえるでしょう（もちろん若き宮崎も制作に加わっていました）。父とふたりだけでひっそりと生活していた少年ホルスは父の死をきっかけに船出し、生まれ育った地を離れます。彼はやがてひとつの村を訪れます。その村では、人々のあいだに階級も差別もありません。それぞれが能力と適性に応じて精一杯働いて、労働の成果を分け合っています。もちろん、この村は資本主義という発展段階をいったん経過した社会ではありません。が、いわば理想化された共産社会のひとつとして描き出されていました。

『太陽の王子　ホルスの大冒険』では、ホルスら村人の世界と悪魔グルンワルドの世界とが対比されています。この善の世界と悪の世界との構図が、十年後の『未来少年コナン』

（一九七八）におけるハイハーバーとインダストリアとのふたつの世界からなる枠組みにほぼ継承されています。

インダストリアはきわめてはっきりとした階級社会です。しばしば指摘されているとおり、インダストリアに高くそびえ立つ三角塔がその象徴です。上位にある者が三角塔の上におり、下位にある者は塔の下部に……、さらにその地下には下層民が居住しています。最上位は最高委員会です。原子炉をコントロールしている（長老）技術者たちです。しかし、しばらくして行政局長レプカがインダストリアの全権を握ることになります。市民には一等市民、二等市民、三等市民といった階級があります。ポイント制で一等から三等まで上下します。ポイントを稼いで二等市民にはい上がろうとあくせくしているテリットという男には、あさましさと同時にあわれさを感じないではいられません。この三つの階級にも属さない下層民たちがいます。反逆者、囚人は市民権がなく、地下に閉じ込められています。市民に昇格できる可能性はもうありません。額には十字の印があります。いれずみ銃でうたれた跡です。

対照的にハイハーバー（の本村《もとむら》）は基本的に平等です。村長オイトンの性格付けにもそのことがはっきりとあらわれています。村の主要な産業は麦の栽培を中心とする農業で、ほとんどすべての村人がその作業にかかわっています。村長とはいえオイトンも例外ではありません。「大変動」以前、彼は技術者だったようですが、いまでは手で土をいじることをまったくいといません。

村長オイトンの姿がはじめて画面に現れたとき、私は少々驚きました。その腹部が露出されていたからです。いかにも無防備です、医師シャンによる診断を受けているというシーンではありましたが、ハイハーバーのリーダーを初登場させるときにあえてこのような場面を採用したのは、オイトンが温厚でけっして攻撃的ではない、また面と向かった人間を基本的には信用、信頼する人物であるということなのでしょう[1]。

しかしながらハイハーバーという島のすべての地域で平等な社会が実現されていたわけではありませんでした。山の向こうには十七歳の不良少年オーロに支配された領域があるからです。主要な産業は、ブタなど家畜を育てることです。この領域には差別と階級があります。狡猾なオーロたちはみずからを「幹部」と称し、弱い者たちから〝搾取〟しています。実力をオーロから認められたコナンは幹部になることを勧められますが拒否します。コナンの親友ジムシーもいったんは幹部になりますが、まもなく嫌気がさしてやめてしまいます。

宮崎の全作品を見渡すと、主人公が属すグループ、共同体には階級、序列を基本的に見てとることはできないのですが、敵対するグループ、組織にはそれが存在したりするのです。

ポルコ・ロッソは、もはやマルコ・パゴット「大尉」ではありません。無位無冠の一匹狼となっています。他方、その「戦友」フェラーリンはイタリア軍に所属しており、「少佐」にまで出世しています。

風の谷の「族長」はジルです。その娘がナウシカです。族長とその家族ではありますが、彼らの場合、民衆に対して権力を振り回すような局面をみいだすことはできません。風の谷は基本的に平等な共同体です。やはり産業の中心は農業です。(2)

これに対して、「兇暴な軍事国家」である「トルメキア帝国」が階級社会であることは歴然としています。「第4皇女」クシャナの態度、振る舞いには横暴といわざるをえないところが多々あります。他方、クロトワは「平民」の出身です。「うだつのあがら」ない彼の言葉から判断すると、「平民」は「平民出」であるがゆえに、たとえ才能があってもあまり出世するチャンスはないと思われます。

『天空の城ラピュタ』の舞台がどこであるのかよくわかりません。おそらくはヨーロッパのある国でしょう。ムスカは特務機関の「将校」です。モウロは「将軍」です。このふたりは明らかに国家組織の階層、序列のなかに地位を占めています。シータをさらった黒メガネの男たちもきっと何らかの地位をもっているにちがいありません。このようにムスカは政府の組織のなかにすでにひとつの地位を確保しているのですが、もちろんそれだけで満足してはいません。「ラピュタ王」になろうとしているからです。高く天空に君臨し、地上のすべての国々、人民を支配しようとしているからです。いずれにせよ、ムスカという男が上と下という物差しで人間と人間との関係をとらえていることを見てとることができます。

アシタカが生まれ育ったエミシの村も、そしてエボシ御前をリーダーとするタタラ場も基本的には平等な社会です。タタラ場は「男がいば」っていない、むしろ女性上位の共同体です。敷地内にはハンセン病に苦しむ人々の生活と仕事の場も確保されています。

他方、敵対する「アサノ公方《くぼう》」の側は、明らかに階級社会です。アサノは「大侍《おおざむらい》」です。大侍とは、守護大名、あるいは戦国大名のことでしょうか。タタラ場を乗っ取ろうとしているようです。エボシタタラが（当時は）たいへん貴重な鉄を産出、生産しているからです。そして、勢力下にある「地侍」「イナカ侍」をそそのかし、タタラ場を襲撃させています。みずから姿を現すことがないことでかえって黒幕的な性格が浮かび上がってきます。黒幕的な存在はアサノだけではありません。「天朝さま」「みかど」という存在にも目を向けなければなりません。こちらが狙っているのは「シシ神」の首です。不老不死の効き目がある（と信じられている）からです。シシ神の首を手に入れるため、支配下にある師匠連、石火矢衆、唐傘などあやしげな連中を動かしているようです（また「書《か》つけ《き》」というものさえあれば、下位の人々を動かすことができると思っているようです）。ジコ坊はその一味です。そのジコ坊は「やんごとなき方々」、つまり天皇とその周辺の人々の「考えは」「判らん」などと語っています。上下の隔たりはかなり大きいものと判断されます。

ハウルやソフィーが住まうインガリー王国と隣国（＝カブ頭のかかしの祖国）とは戦争状態にあります。ハウルから「三下」「下っぱ」と呼ばれている存在もその戦闘に加わっています。彼らは魔法使い、魔女です。国王やサリマンら国政の中心に位置する人々から命じられて怪物に変身し敵と戦っています。「下っぱ」はしょせん戦争の道具です。権力に操られるだけの存在です。やがて心をなくしてしまい、怪物から「人間にはもどれな」くなるのです。ある意味ではあわれな存在です。

上を見上げれば、国王、あるいは「王室つき魔法使い」のサリマン、総理大臣、参謀長ら、そして下に眼差しを向ければ「三下」「下っぱ」という上下関係のなかに取り込まれるのをハウルが避けているのはあまりにも明らかです。

TV『ルパン三世　第一四五話　死の翼アルバトロス』（一九八〇）に登場していた武器商人ロンバッハも階級的、序列的発想の持ち主のようです。拉致し自由を奪った峰不二子に対して「あなたを私の第1夫人にしてあげる」と告げていますから。ロンバッハには〝平等〟という思想が欠けています。対照的に、ルパン、次元、五ヱ門は対等な仲間です。三人のあいだに上下関係はありません。作品冒頭、すき焼きの鍋を仲良く囲んで肉の取り合いをしているシーンがそのことを象徴しています。

（1）テリット、オイトンという人物の描写についてはコメントしておかなければならないことがあります。『未来少年コナン』はテレビで二十六回放送されたシリーズですが、すべてが宮崎の手になるものではありません。第八話でつまってしまった宮崎に手をさしのべて五話分の絵コンテを切ってストーリーを先に進めてくれたのは先輩・高畑でした。テリットやオイトンがはじめて画面に現れるシーンはほとんど高畑作といってもよいでしょう。

（2）「当初はナウシカが、族長ジルの娘——つまりはお姫様であるということだけでも、自分にためらいがあったんです」（『出発点』五三〇頁）と宮崎は語っていました。

四 「人がゴミのようだ」と言ってはいけない

群衆シーン（モブシーン）は、宮崎作品のすぐれて際だったところであるといわれてきました。

アニメーションでは通常、そのシーンで中心となるキャラクターだけが動かされ、周辺の人物の動きは最小限にとどめられます。多くの人物を同時に動かすと作画にたいへん手間がかかってしまうからです。群衆が背景に描かれる場合、いわゆる〝止め絵（＝動かない静止画）〟となってしまうことも少なくありません。

しかし宮崎は作品のなかで群衆をしっかりと描き出し、彼らを動かします。一人ひとりにいたるまで丁寧に描き分けます。主人公の脇や背後であっても、老人は老人らしく、若者は若者らしく、子どもは子どもらしく振る舞わせます。『風立ちぬ』でもというか、とりわけこの作品では群衆の姿がしっかりと描かれています。名古屋の亀八銀行の取り付け騒ぎのシーンもそのひとつですが、もっとも手間がかかったといわれるのが大正十二年、関東地方を襲った大地震の直後、上野周辺を右往左往する大勢の人々を描き出したモブシーンです。長さにしてわずか四秒ほど……、しかし想像を絶する手間がかけられています。この数秒のためにスタッフたちは一年三ヶ月を費やしたからです。

いったいなぜ、そこまでして群衆を丹念に描き出さなければならないのでしょうか。宮崎は、この関東大震災の場面について、

群衆というのは、どういうものかっていったら、主人公じゃない情けない人たちじゃなくて、ちゃんと世の中を支えてる人たちだから、ちゃんとした人間たちを描くこと……(NHK「プロフェッショナル　仕事の流儀　特別篇　宮崎駿　1000日の記録」より)

とスタッフを前にして説明しています。

もっともです。たしかにひとくちに「群衆」といっても、その一人ひとりがしっかりと「世の中を支えてる」ことはまちがいありません。そういわれてしまうと反論する余地はほとんどありません。ただ、しかし、現実のアニメーションではモブシーンは避けられています。時間と費用を考慮して避けられています（実のところ、『風の谷のナウシカ』のクライマックスですが、よみがえったナウシカに向かって風の谷の村人たちが駆け寄ってゆくシーンでは、先ほどの宮崎の言葉にもかかわらず、同じ動画が使い回されていました。スローにしてじっくりみれば確認することができるでしょう。当時はまだ時間的にも予算的にも余裕がなかったのでしょうか）。

なぜ宮崎はモブシーンを丹念に描くことにそれほどこだわりをもっているのでしょうか。「確かに群衆シーンを描くのって嫌ですからね。手間ばかりかかって」とみずから認めているにもかかわらず……。

この問題にこたえる前に、いつ頃から、宮崎は群衆を丹念に描き分けるようになったのか確認することにしましょう。

鈴木敏夫プロデューサーが二〇一〇年に（庵野秀明に）次のように語っていました。

宮〔崎駿〕さんの一番すごい仕事って、やっぱり『〔太陽の王子〕ホルス〔の大冒険〕』だと思うんです。最後のモブシーン。あれ、宮さんだよね？〔……〕いろんな人が縦横無尽に動く。それによって、空間がどんどん広がっていく。あれには、ちょっと舌を巻くんですよ。〔……〕で、あれ以来〔『崖の上のポニョ』にいたるまで〕、見たことないんだよね（笑）〔……〕いやあ、あれはすごいよねえ。〔……〕こんなふうに人が動いて……それをしかも人間の手で描いて、こんなシーンが作れるのかって（鈴木敏夫『鈴木敏夫のジブリ汗まみれ　1』復刊ドットコム、二〇一三年、五四頁以下）。

高畑勲監督の長篇デビュー作『太陽の王子　ホルスの大冒険』（一九六八）が宮崎の「一番すごい仕事」かどうかについては、とりあえず議論しないことにしましょう。ここで大切なことは、宮崎が二十代半ば、東映動画ではまだ「新人」だった時期にすでに群衆シーンにおいてきわめてすぐれた成果を上げていたということです。

鈴木があつく語っている『ホルス』の「最後のモブシーン」とは、村の人々が力を合わせて悪魔グルンワルドと戦う場面のことです。力を合わせるというところがポイントです。

たしかにホルスがヒーローです。彼が中心人物です。しかしホルスひとりの力ではどうすることもできません。悪を退けるためには団結した村人の力もきわめて大切なのです。この作品をまとめあげた高畑勲は、クライマックスはあえて、グルンワルドに操られる氷のマンモスとホルスをのせた岩男モーグとの華々しい「一騎討ち」では終わらせなかったと語っています。なぜなら、このアニメーションのテーマが「力を合わせて悪魔から村を守る」ことにあったからです。だから、ヒーローが悪の権化を（必殺技でかっこよく）退治してすべておしまいにはあえてしなかったのです。

また、高畑は次のように語ってもいました。

「太陽の王子・ホルスの大冒険」が、いまなお画期的な意義をもつと自負していることに、村の生活の描写があります。漁や干魚作りなど集団労働、〔……〕。〔……〕「ホルス」の準備段階で村人の生活＝労働の描写をまず強く主張したのが宮〔崎駿〕さんでした。労働の描写というような、東映動画の常識を完全に越えてしまうオソロシイ試みにぼくたちが踏みきったのは、ひとえに宮さんの演出力を信じてのことで〔……〕

（『ロマンアルバム　映画「風の谷のナウシカ」ガイドブック　復刻版』徳間書店、二〇一〇年、一八四頁)。

先ほどは村人が「力を合わせて」悪とたたかうという話でしたが、今度は村人が「力を合わせて」「集団労働」に精を出すというテーマです。

宮崎がアニメーターを志すきっかけになったのは、東映動画初の長篇アニメーション『白蛇伝』(一九五八)との出会いです。大学受験を目指していた高校三年生の冬に宮崎はこの作品を映画館で見てたいへん大きな衝撃を受けました。

なぜ、アニメーションが好きになったのかといえば、東映動画の「白蛇伝」(昭和三十三年作品)を見たことによる。〔……〕私の場合は「白蛇伝」をみたのがきっかけで、アニメーターの道を選んでしまったことになる。〔……〕「白蛇伝」を私は繰り返してみた。そのうちに「この作品はインチキだ」と思うようになった。どこがインチキかといえば、主人公の青年・許仙(シューセン)と美しい娘の白娘(パイニャン)の悲劇的な設定をもりたてるために、そのほかに出てくる人物の魅力がまったく描かれていない。その結果、この作品は好きだけれど「ダメなのではないか」という思いがつのり「自分がつくるとしたら、このようにする、あのようにする」との思いがわきたってくるのだった（『出発点』四四頁以下）。

主人公の「ほかに出てくる人物の魅力」を描き出したいと、「このようにする、あのようにする」と考えをめぐらせ、その結果、十年後の『ホルス』における、村人たちが力を合わせて川で漁をしたり、干し魚づくりに精を出すような、集団労働のシーンが生まれてきたのではないでしょうか。ヒーローのホルスやヒロインのヒルダだけに光をあてるのではなく……。

高畑もよく似た趣旨の発言をしています。

〔東映動画の〕先輩の作った「白蛇伝」〔……〕をみても、主人公の許仙《シュウセン》と一緒にはたらく労働者たちをなぜあれほど否定的人物群として描かなければならないのか理解出来ませんでした。（この気持ちはもちろんいまでも変りません。主人公に対する同情をひこうとして一般庶民を必要以上に——必然性ぬきに——意地悪な人たちに描いているような一部の名作アニメーションを私は好みません）（『「ホルス」の映像表現』徳間書店、一九八三年、一一五頁）。

すでに、読者の方々は、前章「宮崎作品と身分、階級、序列」とのつながりにお気づきでしょうか。私には、社会主義的なものの考え方が群衆の扱い方にも影を落としているように思われてならないのです。もちろん、それは宮崎だけでなく高畑においてもそうなのです。(1)

ある者が上に君臨し、他の者たちがその下にひれ伏すという階級的、差別的な考え方を排除したいという志向があらわれているようです。ヒーローとヒロインだけに焦点が合わせられ、その他大勢をたんなる引き立て役としてしまうのは、見方を変えると前者が後者を〝搾取〟することになるからです。

『ホルス』と『風立ちぬ』のあいだにはおよそ四十五年間という大きな隔たりがありますが、群衆の扱いにかかわって、社会主義（共産主義）的なものの考え方が長きにわたって底流にあったことはおそらく否定できないでしょう。

次の宮崎の発言も、階層、序列にかかわるものととらえることができるでしょう。

下請けの人が仕事を持ってきてくれたときには挨拶したいしね、暇があったらお茶でもいれたいぐらいの気分なんですよ。だって、労働条件、彼らのほうが悪いんだもんね。ところが案外ね、〔スタジオジブリで働いている人は〕みんな平気な顔してるんですね。知らん顔してるんですよ。そういうのが嫌でね。今でも嫌ですけど（『風の帰る場所』三二一頁）。

しかし、やはり時代は流れています。そう単純ではないようです。

社会主義（共産主義）の考え方のもとでは労働者階級がいわば神聖な存在とみなされる傾向があった、と私はいいました。資本家（あるいは投資家）が利益を独り占めにしてしまう資本主義社会を革命によって突き崩し、より公正で平等な社会を実現することができる人々として期待されたからです。この聖化された労働者像は、宮崎が若い頃にたずさわった作品、たとえば『ホルス』の村人たち、あるいは『未来少年コナン』のハイハーバーの本村の住民たちにある程度具体化されていたように思われます。

しかし、次第に、宮崎はそのように「労働者」を神聖視する発想から離れてゆきます。ともにひたいに汗を流し、手を汚して労働にいそしみ、そして得られた成果を分かち合う善良な「労働者」たちというイメージから離れてゆきます。

もう階級的にものを見るのはやめた。労働者だから正しいなんて嘘だ、大衆はいくらでも馬鹿なことをやる（『出発点』五三〇頁）。

あるいは、次のような発言も見いだすことができます。

〔エボシ御前をリーダーとする〕タタラ場にいる人間たちはいい人ばかりでなくて、愚かな部分もあるし、狂暴な部分もあるっていうふうにしないと、それは人間を描いたことにならないですから。とにかく「タタラ場の人＝労働者」っていう、そういう見方で映画を作るまいとは思ってました。人を描かなきゃ駄目だって（『風の帰る場所』一八一頁以下）。

ここにも転換を見てとることができるでしょう。

ところが、それにもかかわらず、宮崎は群衆シーンを描き続けるのです。『風立ちぬ』

にいたるまで、むしろ、いっそう克明に。手間と時間をかけて……。とすると、ひたいに汗して社会を底辺から支える名もなき人々にことさら脚光をあてるといった、「階級的」なものの見方以外の、何か別の要素があとから付け加わってきたのでしょうか。資本家（経済的に優位にあり、支配するもの）と労働者（経済的に劣っており、支配されるもの）という構図のなかにはまりきらない要素が。

それは、〝共生〟という要素ではないでしょうか。というのも、次のような言葉を目にすることができるからです。

例えば群衆シーンを描くことについてもそうなんだけど、明らかに人間嫌いになっている自分がいるんですよね。現代に生きてると、それは非常に多くの人達が不安だろうと思うんです。人間を好きにならなければいけないという気持ちと、とりあえず電車の横に立ってる奴が邪魔だという気持ち、それは共存してるんです（「ユリイカ臨時増刊号　総特集　宮崎駿の世界」青土社、一九九七年、三八頁以下）。

「現代に生きてると、それは非常に多くの人達が不安だろうと思うんです。」たしかにその通りです。「電車の横に立ってる奴」がいったいだれなのか、わかりません。どこからやって来て、どこへ行こうとしているのか、わかりません。たまたま同じ電車に乗り合わせただけですから。彼、彼女は、価値観が大きく異なる人間、あるいは言葉のまったく通じない外国人かもしれません。突然、電車のなかで、化粧を始めたり、フライドポテトを食べ始めたり、音楽プレーヤーの音を周囲にまき散らしたり、聞いたこともない知らない言葉で、しかも大きな声でおしゃべりを始めるかもしれません。それが、私たちの「生きてる」「現代」の実情です。「不安」を感じるのも当然でしょう。不安を感じるだけではありません。「邪魔」なのです。いてほしくないのです。去ってほしいのです。「ゴミのよう」にその場から消えてほしいのです。

反対に、その場にいてほしいのは、家族、親類、友人、気心の知れた仲間、価値観を共有できる人々です。一体感、連帯感を感じられる人々です。しかし「現代」はそのような時代ではありません。都市化、そしてグローバリゼーションがますます進んでいる時代ですから。都市化は世界的な趨勢です。日本だけではありません。二〇〇八年頃に世界の都市人口は農村人口を上回っています。わが国では二〇一五年に東京圏（東京、神奈川、埼玉、千葉）の人口が総人口の約三割に達しています。

都市はいわゆるムラ社会ではありません。地縁、血縁によってかたく結びついている伝統社会ではありません。都市には、さまざまな人々がさまざまな地域から流入してきます、マンションの隣、あるいは上下階にだれが住んでいるのかもわかりません。移動も頻繁です。アパートの隣人が知らないうちに別の人間に変わっていたりします。外国人の隣人も増えています。新宿区ではいまや外国人が住民全体の十パーセントを超えています。

特に群衆シーンなんて手間がかかるだけで、見せ場でもなんでもないんですね。〔タタラ場で〕みんなが飯を食ってるシーンとか。しかしそういう描きたくないと思っている自分というのは、手間がかかるだけじゃなくて、人間の群れに対してうんざりしている部分があるわけですね。そういう他の人間たちに対して関心を持ちたくない、無視したいというそういう気分が自分の中に濃厚にあればあるほど描きたくなるんですね（「キネマ旬報臨時増刊　宮崎駿と「もののけ姫」とスタジオジブリ」一九九七年、四三頁以下）。

宮崎は、「他の人間たちに対して関心を持ちたくない、無視したいというそういう気分が自分の中に濃厚にあればあるほど描きたくなるんです」、あるいは（前の引用のなかで）「他の人間たち」を「好きにならなければいけない」とも述べています。また「殺しても惜しくない人間を映画に用意しておけば、いくらでも殺せるわけです。」しかし「それをやったらおしまいだと思う」とも語っています。

共生という言葉がしばしば使われるようになって以来、哲学者、社会学者をはじめとする識者たちは、私たちは「他者」と共生しなければならないと説いてきました。おそらくその結論は正しいでしょう。そしてまた宮崎も諸手を挙げて賛成するでしょう。『もののけ姫』では、人間と自然との共生、男女の共生、障害者との共生、多文化・多民族の共生が本格的に取り上げられていたことでもありますし(2)。

「一　フジモトとは誰か」で、宮崎が〝環境的な意味での浄化〟と〝道徳的な意味での浄化〟を放棄したことについて私は述べました。最後になりますが、もうひとつ、第三の浄化をも宮崎が放棄していることを記しておくことにしましょう。それは〝民族浄化〟です。「民族浄化」という言葉そのものは第二次世界大戦の頃から使われていたようですが、私たちの耳のなかにしばしば飛び込むようになってきたのは一九九〇年代のユーゴスラビア紛争、とりわけボスニア・ヘルツェゴビナ紛争を通じてのことでした。セルビア人、クロアチア人、ボシュニャク人（ムスリム人）のなかで民族主義的な感情が高まり、自分たちの支配領域を確保、拡大するため、たがいに「他の人間たち」を排除しようとしていました。そのため、数年間にわたって、大量虐殺、強制収容、強制退去、婦女暴行、財産没収など、言語を絶する悪辣非道な行為が横行しました。それにもかかわらず、彼らは、「人権」（＝人間のもつ権利）を侵しているという意識をもっていなかったようです。というのも、「他の人間たち」は、彼らにとってそもそも「人間」ではないからです。「人間モドキ」（＝ゴミ）にすぎないからです。人間モドキ、「ゴミ」などには、はじめから「人権」は存在しないのです。(3)

〔『紅の豚』で〕ユーゴスラビアの海岸を舞台にしたとき、ちょっと油断してて、あそこに民族紛争があったとしても、もう大したこと起こらないと思ってたんです（笑）。それが起こっちまったもんですからねえ、これは……。〔……〕社会主義体制の崩壊っていってもね、ソ連の崩壊っていうのは〔精神的に〕全然ビクともしないんです。当然だと。これはむしろ〔権力の〕圧政に抗して立ち上がるという古典的パターンがあるんであってね。だから、〔しんどかったのは〕そこじゃないんですよ。その後、また民族主義かっていう、その〝また〟ってというのが一番しんどかったですね。第一次大戦の前に戻るのかっていう感じでね。〔……〕やっぱりユーゴの紛争が大きかったんです。これはしんどかった（『風に帰る場所』九五頁）。

まとめましょう。「清浄と汚濁」、善と悪、自分たちと他の人間たち、これらをはっきりと分け、後者をこの世から追放するという「浄化」によって人類に貢献する、世界に貢献するという考え方から、いまや宮崎は遠くへだたっているのです。宮崎は、汚濁そして悪をもかかえながら、他の人間たちとともに「生きろ。」と呼びかけています。そうです、いま、そしてこれから、私たちはそのように「生きねば。」ならないのでしょう。

（1）『かぐや姫の物語』（二〇一三）では、かぐや姫に求婚する身分の高い貴族たち、とりわけ天皇がたんに好色な男として否定的に描かれています。平安時代に成立した『竹取物語』での天皇の描かれ方とはへだたりがあります。対照的に、みずから手足を動かして労働にいそしむ「捨丸兄ちゃん」の一家、（定住しない）木地屋の人々は好意的に描き出されています（捨丸とその家族は原作『竹取物語』にはまったく登場していません）。もっとも、さすが高畑です。捨丸が鶏を盗もうとするシーンをしっかりと挟み込んでいます。もはや、神聖な、無垢な労働者像は捨て去られています。

（2）たんなる「男女の共生」ではありません。声優として美輪明宏、そして主題歌の歌手としてカウンターテナーの米良美一が起用されていることにも注意を向けるべきでしょう。

（3）ジョン・ロールズ他『人権について』中島吉弘、松田まゆみ訳、みすず書房、一九九八年、一三七頁以下、また川本隆史『双書　哲学塾　共生から』岩波書店、二〇〇八年、一二〇頁以下参照。

五　宮崎駿と「教養主義」

　ここでもはじめに結論を申しましょう。宮崎は「教養主義」の徒です。「教養主義」の徒、とはどのようなことでしょうか。宮崎は、人が教養を磨くこと、言い換えると人々が人生を通じてさまざまな人間や自然現象、また古今東西の文化遺産と出会うことによって精神的に成長するのを願っています。いや、成長しなければならないと思っています。

　ディズニー作品は、宮崎にとっては批判の対象です。精神的な成長をうながすことがないからです。作品を観る者を高みへと導くことがないからです。ただ、その時間をやり過ごすエンターテインメントにすぎないからです。

ぼくはディズニーの作品がキライだ。入口と出口が同じ低さと広さで並んでいる。ぼくには観客蔑視としか思えないのである（『出発点』一〇二頁）。

むしろ次のように語っています。

映画が終わったときに、そのまま裏口へ出てしまうんではなくて、階段を二、三段のぼったかなという感じで出てくる、出口はちょっと狭くなっているというような感じになるといいなと思っているんです。入口も出口も同じレベルで、そのまま通り抜けてしまうのはいやだな、とは思うんですけれど（『ジブリの教科書5　魔女の宅急便』文藝春秋、二〇一三年、八八頁）。

宮崎は、たびたび、自分がつくるアニメーションはあくまで「子ども」のための作品であると述べています。二十歳をすでにこえたアニメオタクに向けてつくられたものではありません。精神的に（そして身体的にも）成長期にある子どもたちを何らかのかたちで刺激するために宮崎のアニメーション作品はつくられてきました。

何をつくりたいのかといえば、子どもたちが楽しめるものとか、子どもたちがいい時間を持てるもの、そういうものとしてテレビだろうと映画だろうと分けへだてなくやりたい（『出発点』八八頁）。

「子どもたちがいい時間を持てるもの」という言い回しを宮崎はしています。おそらくは子どもたちの精神的な成長の一助となるアニメーションということでしょう。ただ、宮崎は「いい時間を持てる」という、やや微妙な言い回しをしています。私のようにうっかり〝精神的な成長〟という言葉遣いをしてしまうと誤解を招くのでは、と考えたからかもしれません。というのも、この精神的な成長は、あくまで子どもの側に視点を置いたものだからです。子ども自身にとっての精神的成長であって、その時代のおとなから見た精神的成長ではありません。時代のおとなにとって「いい子」になるための成長ではありません。それでは型にはめることになってしまいます。おとなにとって都合のよい「子ども」像があらかじめ思い描かれていて、子どもたちをその像へと限りなく近づける手段として映像作品がつくられたのではないのです。それでは洗脳も同然ではないでしょうか。「おまえら、親に食い殺されるな」と宮崎はいささか過激な表現を使ったりもしています。その意味するところは、おとなにとって都合のよいにすぎない「いい子」にはけっしてなるなということでしょう。

いうまでもなく、子どもが悪い子になることを望んでいるのではありません。宮崎も子どもが「いい子」になることを期待しています。大いに期待しています。しかし、「つまらないおとな」の浅はかな知恵で子どもを型にはめようとするのは愚かしい、というのです。

宮崎の考えによれば、三歳、四歳の子どもが精神的に成長するためにまず必要なことは「自分の五感のすべてを働かせて、世界を探して歩」くことです。「世界を探」すといっても、国境を越えるような話ではありません。身の回りのことです。ごく身近な、肉眼でとらえられ、指先で触れられる「世界」のことです。大切なことは、四歳の女の子メイのように、広い庭を歩き回り、美しいと感じた花々を集めたり、あるいは水のなかを動き回る「オジャマタクシ」を手でつかまえようとしたり、はたまた目の前に落ちているドングリを拾い集めたりすることです。

三歳児までは、テレビを見せるな！（笑）と思っています。三歳児までは自分の周りの現実を触って見てればいいんだと思うんですよ。で、六歳児までは、テレビを見るのはやはり特別な時間として制限すべきだと思う（『出発点』一八頁）。

就学前の子どもに国語教育をすることを非難しています。「幼稚園で字を教えるなんてもってのほかですね。これは亡国の徒ですね」と。

あるいは、算数について次のように語っています。

いい子だなと思った子が、小学校二年になったとたんに九九でいま悩んでると聞かされるんです。そうすると〔宮崎の〕頭に血が上るんですよね、なんでこんな子に九九を教えなきゃいけないんだって（『出発点』一六頁）。

では、放任して何も教えないのがよいことなのでしょうか。そうではありません。むしろ子どもには「おしえること」が「たくさんあ」るのです（たとえばマルクルにはしっかりとした食事マナーを覚えさせ、「犬ぐい」をやめさせなければなりません。イモ嫌い、サカナ嫌いなど、この少年の好き嫌いも直してやらなければなりません）。

「字を教えるとか、分数を教える以前に、人間が生きていくうえで子供たちに必ず伝えなきゃいけないもの」があるのです。たとえば、どのようなものでしょうか。「（たき火の）火をもやせる」、「（その）火を（バケツにくんだ水などで）消せる」、あるいは「ハサミや針と糸をつかえる」、「包丁やナイフを使える」といったことです。つまりは、頭脳、机の上というよりも、むしろ五感にかかわることです。手先、指先にかかわることです。そしてまた足先にかかわることでもあります。「『ここを踏んだら沈むぞ』とか、『ここはぬかってるから踏まないほうがいいな』というのは、いつの間にか覚えることですよね。それは幼児期に、たくさんの実際の現実と触れながら、失敗もしながら覚えたことなんです。それを近頃はやってないんじゃないか。」

　宮崎作品に登場する子どもたち、とりわけ少女たちは、両親、家族から「教える」べきことをしっかりと教えられ、「伝え」るべきことをしっかりと伝えられています。十二歳のラナ、十二、三歳のシータ、六年生のサツキ、十三歳のキキ……。

　たとえば魔女キキについては、「ごく普通の女の子で、ただ親のしつけがよくて……」

と宮崎は語っています。キキ自身も、電気のオーブンが故障したとき、「田舎で母にしこまれました」と語りながら、「老婦人」が「感心」するほど「手ぎわ」よくマッチでマキに火をつけ、「マキのオーブン」で「ニシンとカボチャのつつみ焼き」に加熱しようとしています。

さて、幼い頃に宮崎作品に親しんだ「子ども」たちも、年を重ね、やがて宮崎作品、アニメーションから離れてゆきます。それを自然な流れ、「正常のパターン」と宮崎はとらえています。

アニメに熱中しているミドル・ティーンたちも、やがて卒業していくに違いない。〔……〕それが、正常のパターンだと思う（『出発点』四四頁）。

あるいは、

僕が高校生の頃は、マンガを読んでいる奴は、「あいつらバカだ」と。で、だいたい中学になる頃にはマンガを卒業していましたよ。卒業しない人が「漫画少年」か何かに投稿していたりしたらしいんですけど。だいたいそうやって卒業していくものでしょう？（記者会見、帝国ホテル、二〇〇二年二月十九日）

また、インタビューでも「ジブリ映画を卒業してもいいんですか？」と問われて、「卒業しないでずっと見てられたら、困るじゃないですか？　映画だって一回見ればいいんですよ」と率直にこたえていました。

このようにアニメーション、マンガから「卒業」すること（たんなる「卒業」ではありません。この卒業は、活字の世界への入学も意味しています）を自然な流れとみなしているのです。しかし、なかには「卒業」しない、あるいは「卒業」できない人々もいます。その人たちに対しては次のような見解を示しています。

大体、僕は初めからアニメファンという人たちが好きじゃなかったんです。どっか胡散臭いなと思ってたんです（『風の帰る場所』二四五頁）。

宮崎は、「卒業」しない人々（言い換えるとオタク）に対して「胡散臭い」という言い方をしています。批判です。明らかに批判です。

では、当の本人、宮崎自身はどうだったのでしょうか。仕事で長年にわたってアニメーション、マンガにたずさわってきた宮崎はどうだったのでしょうか。

> 僕の子どものころには、少年少女世界文学全集というのがあったんです。それを（ほとんど貸本屋から借りて）とっかえひっかえ読みました。マンガより、僕はそっちを読んでました。『岩窟王《がんくつおう》』からはじまって、『三銃士』『秘密の花園』『小公女』『小公子』『アルプスの少女ハイジ』『白鯨《はくげい》』、その他、『ゼンダ城の虜《とりこ》』とか、一種の活劇もののシリーズもいっぱい読みました。ユーゴーの『噫《ああ》無情』（『レ・ミゼラブル』）とかも読んだんです（『ジブリの教科書2　天空の城ラピュタ』文藝春秋、二〇一三年、六六頁）。

ということは、宮崎自身はすでに「子ども」の時点でマンガよりも活字のほうにいっそう親しんでいたわけです。

学習院大学を卒業して東映動画に勤め始めた若い時代を回想して次のように述べていま

す。

東映動画に入ったんです。アニメーターになっても、歯車になりたくないから五時になったら帰ってくるという生活を自分に強いました。少しは自分のためになる本を読まなきゃいけないと無理やり読んだり、下宿でジタバタとやってました（『折り返し点』一四八頁）。

どうやら会社から下宿に帰るとマンガではなく「本」を読んでいたようです。活字です。それも「無理やり」読んでいたようです。「自分のため」に。言い換えると、子どものためには二次元のアニメーションをつくりつつ、自分のためには「本」を読んでいたのです。

青年期の宮崎は「自分のため」に「本」を読んでいました。活字に親しんでいました。青年期には、宮崎その人に限らず、誰しも本を読まなければならないという信念をもっていたからです。

学生時代に本を読まないのは勝手だけど、そのつけは全部自分が払うんだから。知識や教養は力じゃないと思っているやつはずいぶん増えたけど、結局、無知なものはやっぱり無知ですからね（『折り返し点』一九八頁）。

ハイティーンにいたったら、誰であろうと、活字、本に親しむようにならなければということでしょう。それにしても「無知」とはかなりきびしい言葉です。ところが、この言葉を、宮崎はかつてジブリの鈴木敏夫プロデューサーにも投げつけたことがあったようです。

宮〔崎駿〕さんは岩波新書の中尾佐助『栽培植物と農耕の起源』の話ばかりしていたことがあります。宮さんに「鈴木さん、これ読んだ?」と聞かれて、「いや、それは読んでない」といったら、いきなり「無知ですね」（鈴木敏夫『仕事道楽　スタジオジブリの現場』岩波新書、二〇〇八年、二九頁）。

一般大衆ならともかくも、鈴木プロデューサーのような出版にかかわる編集者であれば当然読破していなくてはならない本が世の中にはある、という考え方がここには反映されています。それにしても、いきなり「無知ですね」とは、ずいぶん高い要求水準ではありませんか。ちなみに『栽培植物と農耕の起源』(一九六六)は宮崎に大きな影響を及ぼし、結果として『もののけ姫』のような作品が生み出されることになります。

しかし、批判されたのは鈴木プロデューサーだけではありませんでした。ジブリのスタッフたちにも容赦ない言葉が浴びせられています。

もうほんとに無教養ですからね！　歴史的感覚なし！　何も知らない！「ダメだこいつら」って。いや、自分のスタッフのことを言ってるんですよ？　ほんとに無知蒙昧。覚悟も教養もない！(『続・風の帰る場所』二三四頁)

話を戻しましょう。

僕らの時代は、教養として、このくらいの本は読んでおかなきゃならないという考えがちょっと残っていました。「おまえ、そんなものも読んでないの」と言われちゃうんです(宮崎駿『本へのとびら』岩波書店、二〇一一年、六八頁)。

「そんなものも読んでないの」と「言われちゃ」ったのは宮崎自身ではなく、鈴木プロデューサーのほうだったということです。

たとえば外国のジャーナリストは「日本のマンガをどう思うか」ってスタジオジブリにも随分聞きに来ます。そのときに、電車の中でマンガを大人が読んでいるということを、いろいろ解説してもしょうがないですよね。「いやあ、〔大人が活字を読んでいないのは〕情けない風景だと思います」と言うと、それで向こうは納得しますよね（『出発点』二七頁）。

あるいは、二〇〇八年当時わが国の政治的リーダーであった麻生太郎元総理大臣がマンガ好きを公言していたことについてコメントを求められ、

恥ずかしいことだと思います。それはこっそりやればいいことです（二〇〇八年十一月二十日、日本外国特派員協会）。

とこたえていました。

ここにもマンガやアニメーションはせいぜいのところ「ミドル・ティーン」までのものという宮崎の考えが反映されています。十代後半になったら活字の世界へと移行し、そして読むべき本は若いうちに読んでおかなければならないのです。そうすれば「歴史的感覚」も次第に養われることでしょう。

したがって、おとなには「知識や教養」が求められます。宮崎の考えからすれば当然です。ところが、宮崎のアニメーション作品は基本的に子どものためにつくられているため、おとなに要求される「知識や教養」を作品そのもののなかに認めることはほとんどできません。しかし、「おとな」向けにつくられ（てしまっ）たアニメーション作品のなかにはそれをうかがうことができます。その例をいくつか示しましょう。

はじめに『紅の豚』（一九九二）です。ブタになってしまった中年の男を主人公とするアニメーションでした。この作品は当初、（日本航空の）航空機内で上映することが想定されていました。そもそも子ども向けにつくられたものではなかったのです。

国際便の疲れきったビジネスマンたちの、酸欠で一段と鈍くなった頭でも楽しめる作品、それが「紅の豚」である。少年少女たちや、おばさまたちにも楽しめる作品でなければならないが、まずもって、この作品が「疲れて脳細胞が豆腐になった中年男のための、マンガ映画」であることを忘れてはならない（『出発点』四一三頁）。

しかし、結果として、『紅の豚』も航空機内だけでなく劇場でも公開される長篇作品となりました。

「紅の豚」は作っちゃいけない作品だったんです。〔……〕僕はスタッフに子供のために作れ、子供のために作れといってきたんです。自分のために作るな、自分のためなら、本を読めといってきたんですが、恥ずかしいことに自分のために作ってしまいました（『出発点』三八七頁）。

やっぱり子供の映画を作ろうって言ってきた人間ですからね（笑）。それでこういうものをやってしまったということに対してはね、なんか、ヤ〜バイなあと思いました

（『風の帰る場所』三三〇頁）。

後悔の気持ちがよくにじみ出ています。しかし、私が注目したいのはそのことではありません。まったく別の事柄です。子ども向けではなく、おとなの男、精神的に成熟した男に向けてつくられた作品であるために、それも、鑑賞者として「国際便」にしばしば乗るような「ビジネスマン」を想定してつくられた作品であったために、他の作品にはあらわれていない教養主義的な側面があらわになっているということです。

『紅の豚』では時代と場所が、はじめてはっきりと設定、限定されました。はじめて、です。どちらもあいまいではありません。「むかしむかしあるところに……」といった、時代も場所もぼかされた架空のおとぎ話ではないのです。したがって、見る者に「歴史的感覚」が、「歴史的」「教養」が求められることになります。

時代、場所というふたつの点について、それ以前の宮崎作品をふりかえって、あらためて確認してみることにしましょう。まず最初に『未来少年コナン』です。最終戦争で使われた「超磁力兵器」によって大きな地殻変動が生じ、五つの大陸が引き裂かれ、ことごとく水没してしまった時代……。二〇〇八年七月のことです（この番組がテレビで放映された三十年後にあたります)。わずかにインダストリアやハイハーバーといった島が残されていますが、その地理的な位置はまったくわかりません。

『ルパン三世　カリオストロの城』(一九七九)はどうでしょうか。はたしていつの出来事なのかはっきりとはわかりませんが、作品が制作、公開された時代からさほど離れてはいないようです。カップラーメンを食べるシーンが登場していますので高度成長期以後であることはまちがいありません。しかしカリオストロ公国がいったいどこにあるのかわかりません。とりあえずヨーロッパの小さな国だと推定されます。というのも、ローマ水道やローマ帝国時代の巨大な遺跡が残されているからです。かつて古代ローマ帝国の支配が及んでいた地域であるのをうかがい知ることができます。

『風の谷のナウシカ』(一九八四)について言葉を費やす必要はほとんどないでしょう。「火の7日間」と呼ばれる最終戦争の約千年後という時代設定です。「風の谷」が地理的に現在のどこに相当するのか、まったくわかりません。

では『天空の城ラピュタ』(一九八六)はどうでしょう。蒸気機関車が煙を上げて走っていますから現代ではないようです。時代設定は、産業革命の数十年後とのこと。とすると十九世紀なのでしょうか。とにかく時代を少しさかのぼる必要がありそうです。スラッグ渓谷の所在地は不明です。ロケハンのために宮崎がイギリスのウェールズを訪れたといいますから、そのあたりを思わせる光景がたしかに見受けられます。しかし、これまたヨーロッパのどこかしら、としかわかりません。シータの故郷「ゴンドア」となると、ますますわかりません。

『となりのトトロ』（一九八八）についてはやや限定することができます。一九五三（昭和二十八）年です。電気は各家庭に来ているようですがテレビはまだありません。場所は東京から埼玉にかけてでしょうか。お母さんが入院して療養しているのは「七国山病院」です。実際に「八国山」という地名が東京都東村山市（といっても埼玉県所沢市に接しています）にあります。「松郷」は所沢市に実在する地名です。

『魔女の宅急便』（一九八九）も国籍不明、時代不明の作品です。「北ヨーロッパあたりのどこか」だそうです。飛行船が空中に浮かんでいます。テレビは家庭にありますが、まだ白黒です。一九五〇〜六〇年代でしょうか。

余計な作業で手間取ったように思われるかもしれません。しかし必要な作業だったのです。

「むかしむかしあるところに……」のように物語、作品の時代や国、地域をあいまいにすることによっていったい何がもたらされるのでしょうか。ひとつには予備知識がいらなくなります。宮崎作品はまずもって子どものためにつくられたものですから、予備知識を要求しません。ほとんど素手で作品に立ち向かうことができるのです。

時代や場所がほぼ特定されるという点で『紅の豚』はそれまでの宮崎作品とは明らかに異質です。豚の頭部をもった男がいきなり登場してきますから、もちろん架空の話です。ところが、時代も地域もほとんど限定されています。そこが大きく異なるところです。時代は、一九二九年あるいは一九三〇年あたりでしょう。作品の舞台はアドリア海です。ポルコ・ロッソのアジトがどこにあるのかはっきりとわかりませんが、彼の出身地はイタリアのジェノヴァです。(1)ピッコロおやじの工場の所在地は北イタリアのミラノです。ジーナは「ユーゴスラビア側にいる」アルゼンチン系の女性という設定のようです。「ファシズム(ファシスト)」、「愛国債権」、「世界恐慌」、「臨時政府」、「王党派」といった用語が次から次へと現れています。やはり幼い子どもにとっては難解でしょう。世界史の知識が必要です。これらの言葉をある程度は理解できる人々を『紅の豚』という作品は対象にしています。たんに言葉の問題ではありません。一九二九年前後にイタリアとその周辺地域が置かれていた政治的、経済的、社会的状況に通じていることが求められます。

ポルコ・ロッソがミラノで赤い飛行艇を新調し、給油していたときのことです。「はげちょろけの島」の「まずしい漁村」では、失業してしまったのか、昼間から男たちが「雑貨屋兼居酒屋」にたむろしています。そこでの話です。店を去ろうとしたとき、ポルコが「さらばアドリア海の自由と放埒の日々よ」と口にします。これに応じて、客のひとりが「それ、バイロンかい?」とき返します。それに対して、ポルコは「いや、おれだよ」とこたえるシーンがありました。

とりあえずのところストーリーの本筋とはかかわりがない、挿話的なやり取りかもしれません。しかし、宮崎は、国際線にたびたび乗るようなビジネスマンのなかにはこのやり取りの意味を理解できる人もいるにちがいないと考え、このようなシーンをはめ込んだのでしょう。

ジョージ・ゴードン・バイロン(一七八八~一八二四)はロンドンで生まれた詩人です。名高い作品として『チャイルド・ハロルドの巡礼』、『海賊』、『マンフレッド』などがあります。情熱的、ロマンティックな詩でたちまち時代の寵児となり、またその後の世界の文学に大きな影響を与えました。短命ではありましたが、その生涯もドラマティック、波瀾万丈そのものでした。故国を離れて遍歴し、最後はギリシアの独立のために解放軍の司令官となり銃を手にしようとしましたが、結局その地で命を落としています。「自由」そして「放埒」は、バイロン自身の生涯についても、そして彼の詩についてもあてはまる言葉でしょう。しかも、バイロンはイギリス人であるにもかかわらず、地中海地域と深いかかわりをもっていました。すでにケンブリッジ大学を卒業した若い頃、二年間にわたって地中海周辺を旅しています（多くの女性との恋愛もありました）。クロアチアの美しい街ドブロブニク（世界遺産）を「アドリア海の真珠」と呼んだ彼の言葉はよく知られています。だからこそ、居酒屋に居合わせた客のひとりが「さらばアドリア海の自由と放埒の日々よ」は、バイロンの詩の一節、あるいはバイロンが語った言葉ではないか、とポルコにたずねたわけです。

この『紅の豚』と同じことが『風立ちぬ』についてもいえるでしょう。やはり時代と地域がはっきりと限定されています。というよりも、堀越二郎という実在の人物を主人公としたため、必然的に限定されてしまうのです。歴史小説と同じように歴史的事実からあまり離れることはできなくなります。

しかも、当初はこの作品をつくることに宮崎がためらっていたという点でも『紅の豚』と重なる側面があります。鈴木プロデューサーからこの作品の制作を勧められたものの、おとな向けの作品となり、「子供の観客が置いていかれ」てしまうことがわかっていたからです。

結果として、『風立ちぬ』で宮崎はみずからの教養主義的な側面を臆面もなくあらわにしてしまいました。ある意味で開き直りとも受け取られるかもしれませんが、宮崎は、自分自身が子どもの頃おとな向けにつくられた映画をいろいろと見せられて当時はよくわからなかったけれどもそれらの映画を見たことは自分にとってけっして無駄ではなかったという趣旨の発言をしています。

「〔子どもが『風立ちぬ』をみて〕今わかんなくても、わかる瞬間が来ますよ」と〔宮崎に〕言った人〔=ある女性スタッフ〕がいて。確かに自分も、子供の時に観た映画は、日本映画の一種の全盛期っていうか、昭和30年以前の〔……〕ずいぶん観たんです。なんだかわかりゃしない、〔……〕(『続・風の帰る場所』一九六頁)。

小津〔安二郎〕とか成瀬〔巳喜男〕とか、生きることのつらさが描かれていて、なぜこんな暗い映画を見なきゃいかんのかと思ってました。でもこうした作品が今も強く自分の中に残っている。子供の時に、分かりにくいものに接する体験には意味があると思い直しました（朝日新聞、二〇一三年七月十六日）。

では、『風立ちぬ』にあらわれている教養主義的なところをいくつか例示してゆきましょう。まずは堀越と菜穂子の最初の出会いのシーンです（堀越二郎二十歳、里見菜穂子十三歳）。いわば良家の令嬢である菜穂子と（女中の）お絹さんは蒸気機関車の二等車に乗っていました。一方、堀越は（混み合った）三等車のほうです。彼は人混みをかき分け、車内から吹きさらしのデッキに出て、タラップに腰をおろします。トランクから小さな本（ヴァレリーの詩集）を取り出しページをめくりはじめます。ところが、突然吹いてきた風にあおられて、堀越がかぶっていた白い帽子が飛ばされて空中に舞ってしまいます。しかし二等車側のデッキにいた「おてんば」な少女がそれを見事にキャッチしてくれます。「ありがとう」と少女に感謝する大学生に対して、菜穂子は「Le vent se lève!（風が立った）」とポール・ヴァレリー（一八七一〜一九四五）の詩（「海辺の墓地 Le cimetière marin」〈一九二〇〉）の一節を引用してこたえます。突然風が吹いて帽子が飛ばされたので、「風が立った」という言い回しになったわけです。しかしフランス語です。十三歳の少女は二十歳の帝大生の教養を試そうとしたのでもあります。堀越は、「il faut tenter de vivre!（いきようとこころみなければならない）」と続く章句を返します。どうやら堀越は試験に「合格」できたようです。少女はニコッと微笑みます。

それはポール・ヴァレリーだって、〔菜穂子には〕見ただけでわかるんですよ。良家の子女はそのくらいの教育をされてますからね。学生が本を開いて呆然としてるのを見て、「あ、ポール・ヴァレリー読んでるな」と、本の装丁を見ただけでわかるんです（『続・風の帰る場所』二二六頁）。

その直後に発生した関東大震災は大正十二年九月の出来事です。大正といえば〝大正教養主義〟の時代でもありました。当時の帝大生であればヴァレリーの有名な詩の一節くらいは頭のなかに入っていなければならないということでしょう。

軽井沢のホテルで催されたパーティーで宿泊客たちが「ただ一度だけ」をともに歌うシーンがあります。ピアノに向かって伴奏するのはカストルプです。「ただ一度だけ」はドイツ映画『会議は踊る』（一九三一）のなかで歌われていた曲でした。それを声を合わせてドイツ語で歌っています（Das gibt's nur einmal. Das kommt nicht wieder...）。ドイツ人のカストルプにとってはさほど難しいことではないかもしれません。しかし日本人にとってはどうでしょう。しかし、堀越も、そして菜穂子の父、里見もドイツ語で歌っているのです。

じゃあ、この時代の人、みんな教養があるから、ドイツ語で歌わしちゃえ、って（『続・風の帰る場所』二三二頁）。

実際、設定によれば、（実在の堀越二郎ではなくアニメーションのなかの）堀越は広く深い教養の持ち主でした。もちろん、彼は理系でした。少年期から飛行機に対してとりわけ強い関心を持っていました。しかしそれだけではありません。「トーマス・マンとヘッセを愛読し、シューベルトを聴」くような青年でもあったのです。(2) ヨーロッパ文学にもクラシック音楽にも造詣が深かったのです。またけっして研究室に閉じこもってしまうタイプではなく、（堀辰雄のように）美しい自然を愛し高原を闊歩する人物であることも映像から理解することができます。

堀越と本庄ほか三菱の一行がドイツ、デッサウのユンカース社の工場を訪れる場面がありました。行く手をさえぎる金髪の守衛たちを相手に堀越が流暢に、そして毅然とした態度でドイツ語を話す場面もたいへん印象的です。

そのドイツでのことです。夜にふたりで町のなかを散歩していたとき、たまたま建物の一室から「蓄音機」の音が流れてきます。（クラシックの）歌曲を録音したＳＰレコードにだれかが針をおろしていたようです。本庄が「〔シューベルトの〕冬の旅か」「おれたちにぴったりの歌だな」と反応します。絵コンテには「本庄も学がある」という宮崎のコメントが記されています。「本庄も」に注意してください。幅広い教養はたんに堀越だけのものではなく本庄にも共有されていたのです。

この場面について、もう少し説明を加えさせてください。というのも、当初の絵コンテでのプランと公開された映像作品とにはいくらか食い違いがあるからです。つまりは後から変更が加えられたのです。

・絵コンテ

二郎　　蓄音機がなっている

蓄音機　「Der liebliche Stern」（かすかに歌声が流れている）
本庄　シューベルトか
おれたちにぴったりの歌だな（本庄も学がある）
二郎　われら大空にのぼれども　情けある星たえてなく（詩を知ってるらしい）

だったのですが、後に次のように変更されました。

・映像作品
二郎　蓄音機がなっている
蓄音機　※
本庄　冬の旅か
おれたちにぴったりの歌だな
二郎　〔無言〕

※メロディーは、シューベルトの歌曲《Der liebliche Stern（愛する星）》D. 861ではなく（二十四曲からなる）歌曲集《冬の旅》D. 911の第六曲「あふれる涙」に変更されています。

なぜ、後から、このような変更が加えられたのでしょうか。いくつかの理由が推定されます。が、このテーマに深入りしてしまうと本題から離れてしまいますので、ひとつだけにとどめておくことにします。

ひとことでいえば、わかりやすくなりました。《冬の旅》（一八二七）はシューベルトの作品のなかでももっともポピュラーなもののひとつですから。クラシック音楽の初心者でも比較的耳にしているのではないでしょうか（とりわけ第五曲の「菩提樹」）。しかも、「あふれる涙」は、もともとは失恋して彷徨する青年のつらい心情をあらわした歌曲ですが、意気揚々とデッサウのユンカース社を訪れたものの、ドイツ人たちから冷たくあしらわれるとともに日独の技術の格差を思い知らされることになった日本の若い技術者たちの気持ちと響き合うものがあると思われます。これに比べると（絵コンテ段階の）当初のプランはひねりがききすぎていたようです。

震災以来、軽井沢で十年ぶりに再会した堀越と菜穂子はすぐさま強く惹かれあいます。ところが、その日の晩、菜穂子は熱を出してしまいます。予定されていた会食はキャンセルとなってしまいました。翌朝、里見父娘ふたりはホテルのレストランに姿を見せません。独り自分の部屋へ戻った堀越はそこからテラスに出て、心のなかでひとつの詩をつぶやきます。そして詩をつぶやきつつ、画用紙に器用にハサミを入れ、白い紙飛行機をつくってゆくのです。「たあれが風を見たでしょう／ぼくもあなたも見やしない／けれど木の葉をふるわせて／風は通りぬけていく／風よつばさをふるわせて／あなたの元へとどきませ」。

イギリスの女性詩人ロセッティの手になる作品です（《シングソング　童謡集》〈一八七二〉所収）。クリスティーナ・ジョージナ・ロセッティ（一八三〇〜九四）は詩人でもありますが、ラファエル前派の代表的な画家、詩人、ダンテ・ゲイブリエル・ロセッティ（一八二八〜八二）の妹としてもよく知られています。

Who has seen the wind?
Neither I nor you:
But when the leaves hang trembling

The wind is passing thro'!

を「たあれが風を見たでしょう……」と翻訳したのは西條八十（一八九二〜一九七〇）です。

ただし、ロセッティが作り西條が訳したのは「風は通りぬけていく」までです。最後の「風よつばさをふるわせて／あなたの元へとどきませ」は堀越が付け加えた部分です（もちろん実在の堀越二郎ではなく宮崎駿による追加です）。

誤解は禁物です。ミドル・ティーンをすぎたら、「自分のため」に活字の本を読め、ではありますが、たとえ理系であろうと文系であろうと、（堀越二郎のように）英語は当然としてフランス文学やドイツ文学に原書で親しむようになれ、（外国の）詩を口ずさむことができるくらいの教養を身につけろ、さらにはクラシック音楽に親しめ、と宮崎がいっているわけではありません。そこまでは主張していません。ただ、これだけはいうことができるでしょう。教養主義と宮崎はけっして無縁ではありません。それどころか、深いかかわりがあります。

〔宮崎家には〕野球を見ることと、歌謡曲を歌う人間を、とことん軽蔑するという風潮がありました。僕〔宮崎駿〕は男4人兄弟だったんですけど、歌謡曲を歌おうものなら、どんな屈辱的な目にあうかわからないという（笑）。ずっと難しいクラシックのレコードを聴いていました（『ジブリの森とポニョの海』六三頁）。

『ポニョはこうして生まれた。～宮崎駿の思考過程～』というDVDが販売されています。延べ十二時間を越えるドキュメンタリーで、『崖の上のポニョ』の絵コンテ完成にいたるまでの二年半にわたる制作過程が映像化されています。かたわらのプレーヤーにみずからCDをかけながら仕事に取り組む宮崎の姿が映し出されていますが（スタジオジブリというよりもアトリエ「二馬力（豚屋）」あるいは瀬戸内海を臨む鞆の浦の宿舎です）そこで流されているBGMは（すべてではありませんが）ほとんどがクラシック音楽です。ワーグナーやベートーヴェンです。あるいはドヴォルザークです。[3]「歌謡曲」ではけっしてありません。

もうひとつ興味深い見解を示しておきましょう。押井守監督の言葉です。

〔自分の〕スタッフにはね、TSUTAYAでもどこでもいいからさ、たまにはね、クラシック〔音楽〕の棚の前に立ってみろって言うんだ。演出家を目指す者の最低限の条件だろうと思う。そういう意味での教養は無い。〔……〕宮〔崎駿〕さんは逆に言えば、クラシックの棚の前にしか、この三〇年間にいなかった人で。〔……〕僕も最近、〔滝沢馬琴などの〕古典しか読まなくなったんですよ（『クリエイターズファイル　宮崎駿の世界』竹書房、二〇〇五年、九八頁）。

三菱航空機の工場の近くには「カフェー・フライア」という喫茶店があります。堀越と黒川主任、服部課長がテーブルを囲んで新しい仕事の話をしています。店内に備えられた蓄音機から流れ出ている音楽はサラサーテ作曲の《チゴイネルワイゼン》です。もちろんクラシックの曲です。店の壁にはベートーヴェンの肖像画が掛けられています。ちなみに「フライア」は北欧神話に登場する（豊穣の）女神の名であり、宮崎がしばしば聴いていたワーグナーの四部作の序夜《ラインの黄金》に登場する神でもあります。

蛇足になってしまうかもしれませんが、少女漫画を原作としたふたつのアニメーションにも触れておきましょう。『耳をすませば』そして『コクリコ坂から』です。どちらの作品も、いわば教養主義的な見地から宮崎によって大きく手を加えられているからです。原作と宮崎駿改変版とを比較して、どのような変更がなされたかにまなざしを向ければ、おのずと宮崎の立脚点が明らかになることでしょう。

アニメーション『耳をすませば』（一九九五）の監督を担当したのは故・近藤喜文です。しかし、絵コンテの段階まで仕上げたのは宮崎でした。原作漫画は「りぼん」誌に一九八九年に掲載された柊あおいの『耳をすませば』です。

ご存じのように、中学生の少年と少女が自分の「進路」を決めることが宮崎版『耳をすませば』では大きなテーマとなっています。しかし原作はそうではありませんでした。少女漫画らしく、中心テーマはあくまで恋愛です。

原作での天沢聖司はヴァイオリン職人を目指してはいませんでした。彼はアンティークショップ地球屋の屋根裏部屋で絵を描いていました。しかもそれはたんなる趣味にとどまっています。彼の将来の職業はまだ白紙状態です。ところが、アニメーション『耳をすませば』の聖司はすでにヴァイオリン職人になろうと決意をかたくし、（ふつうの十五歳の少年のように）高校へ進学するのではなく、ヴァイオリン製作で有名な町、イタリアのクレモナへとひとり住まいを移し、修業生活をはじめようとしています。地球屋の主人でもある祖父、西司朗だけは聖司の計画を支持しているようですが、「家中が大反対」でした。親としては当然かもしれません。いわゆる、いい学校へ、そして一流の会社へというコースからあまりにかけ離れているからです。そもそもほんとうにヴァイオリン職人になることができるのかどうか、不安なところもあります。そこで二ヶ月という時間が与えられます。聖司は中学校をしばらく休み、クレモナの工房に滞在し、職人としての資質があるかどうか見極めてもらうことになります。ところが、柊あおいの原作にはヴァイオリンの「ヴァ」の字も出てきていなかったのです。

そのような聖司から強い刺激を受けた月島雫も、彼に負けじと自分なりの課題に取り組もうとします。もちろん、それは、ひとつの物語を自分自身で完成させるという「ためし」です。そして、中学三年生という立場にもかかわらず、受験勉強を脇に置き、寝る時間も削るほど物語づくりに精を出すことになります。

たしかに柊あおい版『耳をすませば』でも雫が物語に取り組むエピソードは登場していました。しかしほんの挿話にとどまっていました。しかも、バロンの物語を書くという決意を雫はいったんしたものの、(コミック版の)ほんの数ページ後にすでに「つまってしまま」い、その後、物語づくりというテーマは漫画版からは消え去っています。つまりほとんど話として展開されなかったのでした。しかし、宮崎は、とりわけアニメーションの後半で、少年と少女がみずからに課題を与え、まるで「戦士」のようにその試練に挑むという方向へと作品を改変しています。その点がまさに教養主義的なのです。近藤喜文監督も、「僕は基本的にはラブストーリーだとは思っていましたけど、宮崎さんの絵コンテが進むにつれて、『自分を見つめ、高めていこう』というメッセージがだんだん強く込められていくような感じがあった」と述べていました。

少年や少女がみずからを磨いて精神的に成長するためには是非とも導き手が必要です。(4)宮崎版『耳をすませば』ではその導き手の役割を西司朗が演じています。

猫男爵の眼「エンゲルス・ツィマー（天使の部屋）」は原作にも登場していましたが、ここでもっと大切なのは「エメラルドの原石」のほうです。こちらの石は柊あおいの漫画には登場していません。西は、この原石と重ね合わせつつ、雫に語りかけていました。

バイオリンを作ったり物語を書くというのはちがうんだ。自分の中に原石をみつけて時間をかけてみがくことなんだよ。手間のかかる仕事だ。〔……〕外から見えない所にもっといい原石があるかもしれないんだ。

手間がかかるだけではありません。迷うこともあるでしょう。ゲーテも「努力する限り人は迷う」と述べています。[5] 迷うだけではありません、挫折もつきものです。あざやかなエメラルドグリーンに光り輝いていた原石が突如として「死んだ小鳥のヒナ」に変わってしまった夢は、そのたとえでしょう。

艱難辛苦の末、ようやく物語が完成します。雫はかさばった原稿を手にして「最初の読者」、西のもとへやってきます。しかし自信作ではありません。「書きたいことがまとまってません。後半なんかメチャクチャ」と著者その人が認めています。たしかにそうなのでしょう。原稿に目を通し終えた西も、「よくがんばりましたね。あなたはすてきです。あわてることはない。時間をかけてしっかり〔原石を〕みがいて下さい」とこたえています。西は誠実な老人です。雫がつくりあげた物語を無理に褒めてはいません。「すてき」なのは、物語そのものというよりも、物語づくりに「がんば」った雫という少女のほうなのですから。

教養主義という観点から決定的なのは雫が西に向かって述べた言葉です。

わたし、書いてみて判ったんです。書きたいだけじゃだめなんだってこと。もっと勉強しなきゃ、だめだって。

ただひたすらファンタジーばかりを読みあさっていてもすぐれたファンタジーを書くことはできないのです。すぐれたアニメーションを作るためには、アニメ、漫画だけでなく多くの活字の本を読まなければならないように。

雫の母（月島朝子）は大学院に通って何かを学んでいるようです。高校生と中学生のふたりの娘をもつ母親としては珍しいのではないでしょうか。柊あおいの原作ではもちろん、ふつうの主婦でした。ここにも教養主義的な色彩を感じ取ることができるのですが、『コクリコ坂から』の母親（松崎良子）のケースでも、同じようにカメラマンから「英米文学者」へと置き換えがなされています。

『コクリコ坂から』のオリジナルは一九八〇年に「なかよし」誌に連載された少女漫画です。ただし原作者は男性で佐山哲郎。そして絵が高橋千鶴によるものです。

アニメーション『コクリコ坂から』（二〇一一）は「宮崎」作品といっても宮崎吾朗監督によって描かれた作品です。しかし脚本をまとめたのは父・宮崎駿でした。そこで高橋千鶴版『コクリコ坂から』と劇場公開されたアニメーションとではなく、脚本段階の『コクリコ坂から』との比較対象をおこないたいと思います。

もっとも大きなちがいはカルチェラタンの存在です。原作漫画にはカルチェラタンの「カ」の字も登場していなかったからです。カルチェラタンをめぐる一連の騒動はすべて宮崎駿が新たに書き加えたテーマです。たしかに原作にも水沼を中心とする生徒会、生徒たちによる問題への取り組みはありました。しかし、それは制服の是非をめぐるものであって、部室棟の取り壊しや再建とは何のかかわりもありません。

「カルチェラタン」とは何でしょう。もちろん港南学園の部室棟です。本来の名称は「清涼荘」です。カルチェラタンは「通称」です。おそらくは生徒たちがつけた愛称なのでしょう。では、本来のカルチェ・ラタン（quartier latin）とは何でしょう。パリのセーヌ川左岸、「ラテン地区」のことです。quartier は「区域」を意味します。ソルボンヌ大学に象徴される文教地区、学生の街です。大学だけでなく名門高等学校、出版社、カフェもあります。中世から十八世紀末の大革命までラテン語が通用していたため、カルチェ・ラタンという名で呼ばれたといわれています。

一九六〇年代に大きな盛り上がりを見せた学生運動はよく知られています。一時、パリのカルチェ・ラタンは反体制を唱える学生たちによって占拠され、国家権力の手の及ばない解放区となったこともありました。

港南学園の部室棟カルチェラタンは生徒自身によって管理されてきたようです。いま「管理」とは申しましたが、建物の掃除がなされることは滅多になかったようで、まるでハウルの城の内部のようにいたるところが汚れていました。とにかく、生徒たちの自主的な管理に任されているらしく、教員は基本的に手出しをしていないように思われます。

かといって、当局の支配が及ばない梁山泊ではありません。体育会系の部室棟ではないからです。なかに部室を構えているのは、脚本によれば、天文部、写真部、考古研、文芸部、哲学研、化学研、弁論部、現代詩研といったところです。「クラシック音楽」もきこえてくると脚本には記されています。

いずれも文化系のサークルです。運動部はありません（たしかにアニメーションには「山岳部」の看板を見てとることができますが脚本には見当たりませんので、おそらく吾朗監督の判断によるものでしょう。脚本に記されていないにもかかわらずアニメーションに看板、立て札、ポスター等が描き出されているサークルには、高等数学部、アマチュア無線同好会、モダンジャズ研究会、映画研究会、歴史研、囲碁研究会、将棋同好会、美術部、現代の文学を読む会、詩吟研究会、民俗学研究会などがあります)。

週刊カルチェでは定期考査のいわゆる過去問を長年にわたって大量に収集し「山ハリ」をおこなってきたようです。「ゲタ」というあだ名をつけられた物理の鈴木先生はみずからの立場を脅かすこのような活動についてどのような感想をもっているのでしょうか。そもそものような高校生によるゲリラ的な活動の存在を知っているのでしょうか。

これ以上の説明はもはや不要でしょう。生徒による多種多様な文化的活動の尊重、そして生徒の自主的・自発的活動、さらには自律の尊重(それは、ときに反体制的な色彩を帯びたりもする……)、宮崎駿による改変はこれらの事柄と密接に関連しているのです。徳丸理事長の「諸君、このカルチェラタンの値打ちが今こそ判った。教育者たるもの、文化を守らずして何をかいわんやだ」という言葉が宮崎駿版『コクリコ坂から』という作品のきわめて重要なポイントを指し示しています(6)。

「メル」とも呼ばれる高校二年生、松崎海《まつざきうみ》が祖母、妹、弟、下宿人たちの食事の世話、洗濯、買い物、家計の管理をしっかりとこなしているだけでなく、すやすやと眠る妹のかたわらでひとりマルタン・デュ・ガール『チボー家の人々』(一九四〇)を紐解く少女であることも書き添えておきましょう。ちなみにこの大河小説を「教養小説」のひとつと見な

す人も少なくないようです。(7)

（1）ポルコ・ロッソの隠れ家は「クロアチアのある島のどこか」にあるようです。

（2）堀越二郎がヘルマン・ヘッセ（一八七七〜一九六二）とトーマス・マン（一八七五〜一九五五）を愛読する青年として設定されていることは示唆的です。平和主義者であったヘッセは第一次世界大戦当時、新聞などの非難の的となり、またナチスに対しても批判的であったため国籍をスイスに移しています。またトーマス・マンは正面からナチスを批判したためにドイツ市民権を剥奪されアメリカに移住しています。やがて東京大学文学部でもマンを卒業論文のテーマとすることは許されなくなってゆきました。

（3）仕事中の宮崎がしばしば聴いているのはワーグナーの楽劇《ワルキューレ》ですが、（ドキュメンタリーの範囲内ではありますが）次いで多くかけられていたのはベートーヴェンの作品です。ピアノソナタ《月光》、《ワルトシュタイン》、ヴァイオリンソナタ《クロイツェル》……。

（4）代表的な教養小説のひとつ、トーマス・マンの『魔の山』（一九二四）で若者カストルプを導いてくれるのはセテムブリーニとナフタという対照的なふたりの男です。

（5）あえてゲーテの言葉を紹介したのは、教養小説の典型的存在『ヴィルヘルム・マイスターの修業時代』（一七九六）を著しているからです。

（6）「教養主義」はしばしば誤解されて、政治や社会に関心をもたず、現実から逃避して文学や芸術の世界に耽溺してしまうものと思われがちですが、私がここで宮崎駿と関連させている「教養主義」はそのようなものではありません。

(7) 狭い意味での教養小説はドイツ系に限定されますが、広い意味ではロマン・ロラン『ジャン・クリストフ』(一九一二)なども含まれるようです。

六　なぜ「二郎」と呼ばれ「堀越」と呼ばれないのか

アニメーション作品『風立ちぬ』（二〇一三）の主人公は堀越二郎です。『風立ちぬ』という作品の全体を通じて、彼は周りの人々から「二郎」と呼ばれています。友人の本庄季郎からも、そして会社の上司の黒川あるいは服部からも……。「堀越」という姓で呼ばれることは、ほとんどありません。これに対して、本庄季郎は、まわりの人々からひたすら「本庄」と、つまり姓で呼ばれています。堀越二郎も、親友をただ「本庄」と呼んでいます。堀越と本庄は同級生です。ともに東京（帝国）大学で科学・技術を学び、航空機を設計するために三菱に入社した友人です。それにもかかわらず、名前をめぐってなぜこのようなちがいが生じているのでしょうか。たんなる偶然でしょうか。それともしかるべき理由があるのでしょうか。

このちがい、対比は、実のところ、たんにこのふたりだけにかかわるものではありません。『風立ちぬ』というアニメーション作品の構造にかかわるものであり、またさらにより大きなテーマにも関連しているのです。


やや回り道と思われるかもしれませんが、準備作業として、『紅の豚』（一九九二）の主人公ポルコ・ロッソと、その友人フェラーリン少佐のふたりに、同じような視点からまなざしを向けてみることにしましょう。すると、たんなる偶然ではないことが明らかになるでしょう。

ふたつの事柄を対立させること、対比という観点から視界のなかにおさめることは、必ずしも簡単ないとなみではありません。というのも、たがいに異なっている側面をあれこれ数え上げただけで実り豊かな成果が得られるわけではないからです。反対に、そのふたつの事柄を、類似、共通点という視点からとらえておくのも、またきわめて重要なことなのです。それは、「月とすっぽん」あるいは「ちょうちんに釣り鐘」といった、私たちに昔からよく知られている言葉からも明らかです。

月という天体とすっぽんという動物は、大きさに関して、まったくかけ離れています。それにもかかわらず、ほぼ円形であるという類似点があります。あるいは表面がなめらかで光を反射するという点でも似ています。このように似ているからこそ対比が成立するのです。同じ土俵に立たせることによってはじめて対比することができるのです。ちょうちんと釣り鐘についても同様です。このふたつについても、大きさや重さに関して著しいちがいがあります。それにもかかわらず、形態についていえば、ほぼ円筒形だという類似点があります。上からぶら下げられる物であるという共通点もあります。

それでは、ポルコ・ロッソとフェラーリンのふたりについて考えてみることにしましょう。彼らの年齢はほぼ同じだと考えてよいでしょう（おそらく三十代後半[1]）。ふたりとも第一次世界大戦ではイタリア軍の兵士として飛行艇に乗り込み、操縦桿を握りしめ、果敢に敵に立ち向かいました。「戦友」です。もちろん戦争はすでに終わっています。過去のことです。が、ふたりともいまなお飛行艇に日常的に乗っています。飛行艇に乗って空中を飛び回ることが彼らの仕事です。

ところが、ふたりは異なります。まずポルコ・ロッソは人間ではありません。豚なのです。もちろんフェラーリンはふつうの人間です。ポルコ・ロッソは生まれたときから豚だったのではありません。かつては人間でした。少なくとも第一次世界大戦までは人間でした。イタリア人です。本名はマルコ・パゴットです。「ポルコ・ロッソ（Porco Rosso）」というイタリア語をそのまま訳すと「赤い豚」という意味になります（英語にすれば「レッド・ポーク〈Red Pork〉」です）。ほんとうの名前ではありません。あだ名なのでしょうか。それとも、みずからそのように称しているのでしょうか。いずれにせよ、姓がパゴットである親から与えられた名前はマルコであり、ポルコ・ロッソではありません。実際、ジーナはポルコ・ロッソのことを「マルコ」としか呼んでいません。

なぜマルコ・パゴットは豚（Porco）になってしまったのでしょうか。アニメーション作品そのもののなかではっきりとした理由は示されません。フィオから、「ポルコはどうしてブタになっちゃったの？」とたずねられても、男は「さあてね……」とはぐらかすだけです。ところが、劇場用パンフレットを広げてみると、そこにははっきりとした理由が書き記されています。「かつて〔第一次世界大戦で〕空軍のエースだった男が、迫り来る新たな戦争〔つまり第二次世界大戦〕を前に、再び『国家の英雄』となることを拒み、自分で自分に魔法をかけてブタになっ」た、と。

言い換えましょう。第一次大戦ではイタリア空軍のエースとして大活躍したマルコ・パゴット大尉は、第二次大戦が近づいていることを察知し、このまま軍にとどまっているとふたたび「国家の英雄」にさせられてしまうという不安を覚え、みずから魔法によってブタ、つまり「ポルコ・ロッソ」となり、軍という組織から、そして人間社会からも退いたのです。

ただ、これだけでは、彼が「どうしてブタに」みずから姿を変えてしまったのか、理由はつまびらかではありません。つまり、なぜ「マルコ・パゴット」として「国家の英雄」になることを拒んだのか、理解できないのです。しかし、この作品の全体を見渡せば、おぼろげであるものの、「空軍のエース」が「賞金稼ぎ」の「ブタ」へと変貌した理由が浮かび上がってきます。

『紅の豚』のクライマックスはポルコとカーチスとの空中戦です。その最中、空賊マンマユート団のボスが、かたわらのフィオに、「ブタは殺しはやらねえんだ」という説明をしています。ポルコは「殺しはやら」ない、が重要なポイントです。

その前の晩、ポルコは第一次世界大戦にまつわる思い出をフィオに語っていました。十年ほど、あるいはそれ以上前の出来事でしょうか。イタリア軍とオーストリア軍の戦闘艇が空中で入り乱れての、壮絶な戦いの物語です。「まわり中、敵も味方もハエのようにおちていった」と。生きるか死ぬかの戦闘に疲れ果てた「マルコ・パゴット大尉」は、やがて空を飛びながら幻覚におそわれます。見上げると、澄み切った青い空の高いところに、ひとすじの雲のようなものが見えてくるのです。いや雲ではありませんでした。数え切れないほど多くの戦闘艇が細長い列を成して飛んでおり、さらにはるかな高みを目指して昇ろうとしている光景なのです（しかしそれら戦闘艇のプロペラはまったく回っていませんん）。敵も味方もなく、「あらゆる国のあらゆる機種」の戦闘艇がひとつの帯を成していまます。やがて、その帯のなかに、マルコ・パゴットのすぐ脇を飛んでいた戦闘艇も紛れ込んでゆきます。マルコの友人にしてジーナと結婚したばかりのベルリーニの機体です。

もちろん、それらはすべて戦いで命を落としたパイロットたち、そして彼らが操っていた戦闘艇です。

なぜこのときにこの話をポルコはフィオにしたのでしょうか。戦争のむなしさ、愚かさを訴えようとしたにちがいありません。結局のところ「敵も味方も」ないのです。つまりは将来のある男たちが若い盛りに命を落としてしまう、そして残された家族、友人に涙を流させる、それが戦争というものなのです。

敵も味方もありません。区別されません（結局、「あらゆる国のあらゆる機種」がひとつの帯のなかに溶け込んでゆくのですから）[2]。フィオが語っています。「わたし、マルコ・パゴット大尉のこと、沢山しってるの。父が同じ部隊だったでしょう？　大尉が嵐の海におりて敵のパイロットをたすけた時の話、大好きで何度もきいたわ。」

多少話がずれてしまいますが、『ハウルの動く城』（二〇〇四）という作品でも、敵と味方が区別されなかったことを確認しておきましょう。ハウルがソフィーを「ぼくのひみつの庭」（あるいは「花畑」、「高層湿原」）へと招き入れ、あたりに咲き乱れる花々を愛でながらふたりで散歩をし心地よい時を過ごしていたとき、空に突如、巨大な軍艦が出現してきました。視線を上に向けたハウルは「こんな所を通るなんて……」と慨嘆します。そしてソフィーに語るのです、「町や人を焼きにいくのさ。」ソフィーがたずねます。「てき？みかた？」ハウルのこたえは「どちらでも同じことさ」です。

ハウルを理解することはポルコ・ロッソを理解することにつながります。さらには「堀越二郎」[3]という登場人物を理解する一助ともなるでしょう（三人とも「当局」に追われる身となるのです）。というのも、（これは大切なポイントですが）ハウルはポルコのかかえていた問題を継承しているからです。ハウルも、そしてマルコ・パゴットも、その腕前はきわめてすぐれており、「当局」は戦争を遂行するためにその能力を是非とも活用したいと考えていました。けれども、ハウルは自分の城のなかに閉じこもり、「王室つき魔法使い」サリマンからの呼び出しを避けています。他方、マルコはブタに姿を変えて（ポルコとなり）人間社会から離脱し、（ファシズムの）体制に組み込まれないようにはかったのです。

ハウルは吐き捨てるように「人殺し共め」と口にします。戦争とは、つまり「人殺し」なのです。たとえ国家が命じた合法的な人殺しであろうとも、「人殺し」は「人殺し」でしかありません（そして相手を多く殺した者ほど「国家の英雄」として賞賛されるのです。かつて広島、長崎に原子爆弾を投下したアメリカ軍のパイロットたちのように……）。その「殺し」にハウルは荷担したくありません。そしてポルコもまたそうです。だから、マルコ・パゴットはポルコ・ロッソにみずから姿を変えたのです。(4)

話を元に戻すことにしましょう。フェラーリンとポルコを対比するというテーマでした。ふたりとも「飛行艇のり」です。しかしフェラーリンは人間であり、ポルコはブタです。フェラーリンはイタリア国軍に所属する「少佐」ですが、ポルコはもはや「大尉」ですらありません。ところが、フェラーリンは「人殺し」をすることもあるでしょう。現役の軍人だからです。上からの命令があれば「町や人を焼きにいく」こともきっとあるでしょう。

カプローニも、みずから設計した爆撃機の群れを二郎少年に示し、そして告げるのです、「敵の街をやきに行くのだ」と。しかしポルコはもう人を殺しません。いったいどちらが人の道からはずれているのでしょうか。そのまま軍にとどまった人間なのか、それともブタとなってしまった男のほうなのか……。

フェラーリンのほうが時代の流れにうまく対応したのだといえるでしょう。それゆえ、順調に出世して「少佐」になることができたのです。他方、ポルコは一匹狼の「賞金稼ぎ」に身を落として、組織から離脱したつもりなのですが、実際のところはその身が危うくなっています。「当局」はポルコを逮捕しようとしているからです。しかもフェラーリンによれば、当局は「ブタを〔公式の、公開の〕裁判にかける気はない」というのです。治安維持法の下で暗躍した特別高等警察（略して「特高」）によって『蟹工船』の著者、小林多喜二が裁判にかけられることもなく築地警察署で拷問を受けて惨めな死を迎えたように、ポルコもまた抹殺される運命にあるというのでしょうか。

もちろんフェラーリンもバカではありません。ファシストの正体を知らないわけではありません。だから、「国家とか民族とか、くだらないスポンサーをしょってとぶしかないんだよ」とポルコに語るのです。時代のなかで生き抜かなければならない飛行艇乗りの矛盾です。

「矛盾だ」と語るのは本庄季郎です。彼もものを食べながら友人に語りかけます。「貧乏な国〔日本〕がヒコーキを持ちたがる。それでおれたちはヒコーキをつくれる。矛盾だ。」フェラーリンはミラノの映画館のなかで豆を食べていました。本庄は名古屋の下宿で「シベリヤ」を口にしています。偶然の一致なのか、それとも必然なのか、豆もシベリヤも自分が買ったものではありません。豆はポルコが買ったものであり、シベリヤケーキは堀越が購入したものでした。他人の物ですが、フェラーリンも本庄も遠慮せずに口に放り込んでいます。そして、タバコを友人にせびるのもつねに本庄のほうなのです（タバコを求めるシーンは少なくとも三回見てとることができます）。

社会の動きを見定めて、世渡りをよりうまくしているのはフェラーリンであり本庄です。逆に現実感に乏しいのは、ポルコであり堀越です。ポルコは「人間」から逃避し、堀越二郎はしばしば夢の世界へと逃避しています。とりわけ関東大震災のとき、あたり全体に火の粉が舞っているにもかかわず、カプローニの姿が描かれた絵はがきを手に取りながら夢の世界へと心を飛翔させてしまう堀越の奔放な精神には驚かされます。やはり堀越は常人ではありません。「夢想家」そのものです。

それゆえ、本庄のほうが先に成果を上げることができました。本庄が初めて設計した「八試特殊偵察機」がそれです。ジュラルミン製のフルメタル機です。堀越は、素直に、本庄に向けて賞賛の言葉を贈ります。「本庄は日本のアキレスだ。20年をひとまたぎした」と。

ところが、しばらくして堀越が新しい飛行機（九試単座戦闘機）をうみだしたとき、本庄はその大胆な設計に驚いて、「こりゃあアバンギャルドだ」と声を漏らし、むしろ自分が「ユンカースかぶれ」だったことを認めることになるのです。

本庄が先に成果を上げることができたのは、航空機の技術において日本よりも二十年先立っていたドイツ・ユンカースの飛行機をうまく模倣したからです。本庄は、人間の動き、社会の動向を察知する能力にきわめて優れていたのでした。しかし、堀越二郎はちがいます。彼がひたすら目をこらしていたのは「鯖《さば》の骨」でした。つまり、堀越は、自然を模倣する、自然そのものに学ぶことによって世界と肩を並べたのです。人間の動き、社会の動きを模倣したのではありません。このちがいにはしっかりと眼差しを向けなければならないでしょう。

だから、本庄が「トッコウ（特高）」、「思想犯専門のひみつ警察」に追われることはありません。しかし世渡りのうまくない堀越は身を危うくします。ポルコと同じように「当局」から追われる身となるのです。「身におぼえ」がない、と堀越はいいます。本人にとってはそうかもしれません。やがて他国に亡命しようとするドイツ人カストルプとかかわりをもったことが原因かもしれません。祖国ドイツで政権を握ったナチスに対してカストルプは批判的だったからです（もしかしたらカストルプはソビエト連邦のスパイだったのかも……）。

ただし、本庄も、軍国主義者ではありません。また、お金や地位と引き替えに魂を売ってしまった唾棄すべき人間でもありません。その点でフェラーリンとよく似ています。

「オレ達は武器商人じゃない。いいヒコーキをつくりたいだけだ。」

フェラーリンはポルコ・ロッソのことを「マルコ」とファースト・ネームで呼びますが、ポルコはフェラーリンのことを「フェラーリン」とファミリー・ネームでしか呼びません（ジーナも「フェラーリン」としか呼びません。そもそもフェラーリンのファースト・ネームはわかりません）[5]。同様に、本庄季郎は堀越二郎をつねに「二郎」と呼んでいますが、堀越二郎は本庄を「本庄」と呼ぶことしかありません。名前の呼び方に関して、これらふたつの作品は、まったく同じように非対称なのです。これはいったい何を意味しているのでしょうか。なぜ呼びかけの仕方がちがうのでしょうか。

その理由は、以上の考察から明らかではないでしょうか。「フェラーリン」や「本庄」は〝おとな〟であって、これに対して「マルコ」や「二郎」は、彼らからすれば、子どもじみているからなのです。〝子ども〟であるからファースト・ネームで呼ばれるのです。「矛盾」を承知で世間の流れに従うのが〝おとな〟の男の対応です。その〝おとな〟の男はもちろん姓で呼ばれます。他方、マルコ・パゴットがポルコ・ロッソに姿を変えたのは、いわばモラトリアムです。純粋であろうとして、いわゆる〝うすぎたないおとな〟になるのを拒んでいるのですから。

名古屋の「高級下宿屋」です。本庄は堀越に「あした東京へいって来る。嫁をもらうんだ」と語ります。「本腰をすえて仕事をするために所帯をもつ。これも矛盾だ。」本庄のいうとおり、矛盾です。仕事のために結婚するというのは。相手の女性は手段にすぎないのでしょうか。しかし、そのような矛盾を承知で事を進めるのが、先ほども述べたように、〝おとな〟として世を渡ってゆくために必要な覚悟なのです。

『風立ちぬ』は『紅の豚』がかかえていた問題を継承しています。自分のもてる才能をその時代に存分に発揮することが必ずや「人殺し」へとつながってゆく、という問題です。

この問題は『紅の豚』ではけっして解決されることはありませんでした。人間から逃避してブタになるよりほかに解決策がなかったからです。現実的とはいえない解決策です。それでは、リアリズムではなくファンタジーです。人間のままであって、しかも飛行艇乗りとしてその実力を公明正大に発揮するためにはやはり軍にとどまるしかありませんでした。しかし、フェラーリンのように軍にとどまることは、ときに「敵の街をや」いたり、「人殺し」をしたりすることにつながってゆくのです。そして多くの人を殺せば殺すほど「国家の英雄」として褒め称えられるという「矛盾」に陥ってしまうこともあるでしょう。

『紅の豚』と『風立ちぬ』の時代設定がほとんどまったく同じなのは、けっして偶然ではありません。どちらも、大戦間、つまり第一次世界大戦と第二世界大戦の中間に舞台が設定されています。しかも、世界全体を巻き込んだ大恐慌に苦しみあえぐ庶民の姿が克明に描かれています。ミラノのピッコロ社の工場では、不況のために「男はみんな出稼ぎに」出てしまっています。女性しかいません。その事実を「ピッコロおやじ」から知らされたポルコは「世界恐慌ってやつか」という言葉をもらします。新調した赤い飛行艇を運河から飛び立たせた彼は、途中、「はげちょろけの島」でガソリンを補給します。給油中、ポルコは「村の雑貨屋兼居酒屋」で人々と談笑していますが、おそらく失業していて時間をもてあましているのでしょう、男たちが「昼さがりなのにたむろしている」のです。

これに対して、『風立ちぬ』では、「とりつけ」騒ぎが描き出されています。名古屋の亀八銀行へと多くの人々が我先に押しかけています。自分が預けていた金を下ろそうというのでしょう。おかげで道路は大渋滞となってしまいました。また、仕事を得るため、都会を目指し、野宿をしながら線路上を歩く男たちの姿もたいへん印象的です。

『紅の豚』は「小さな無人島」での「おまつりさわぎ」によって締めくくられます。まさに手に汗握るクライマックスです。ポルコとカーチスによる目を見張るような空中戦です。ところが空中では決着がつきませんでした。最後は地上に降り、ふたりは浜辺で壮絶な殴り合いを繰り広げます。そしてついにポルコがパンチによって勝利を収めます。私たちはカタルシスを味わいます。たしかにカタルシスはあります。が、そこに立ち会っているのは、実のところ「地中海中のゴミ」ばかりなのです。「かたぎ」はほんのわずか。あたりはアウトローばかりです。

さて、私たちはポルコや空賊たちのようにアウトローに身を落とすことができるでしょうか（空賊の連中も、元はれっきとした軍のパイロットでした。第一次大戦の後に仕事を失ったのです）。できないでしょう。だからこそ、本人がいやがろうともフィオは「かたぎの世界へもど」されたのですし、本人が「ドロボー」になりたいと訴えてもクラリスは「うす汚れ」たルパンに去られてしまったのです。

やはり私たちは安定した仕事を求めて体制内にとどまらざるをえないのです。組織に所属せざるをえないのです。そして（リーダーが愚かであれば）体制が犯す大きな過ちに何らかの形でかかわらざるをえないのです。宮崎も述べています。「職業を持つということは、どうしても加担するという側面を持っている」と。

では『ハウルの動く城』はどうでしょうか。たしかにこの作品も私たちにカタルシスをもたらしてはくれます。しかし、この作品の最後の最後でとられた解決法ははたして納得できるものだったのでしょうか。二〇一三年九月六日に行われた引退会見のなかで、宮崎は、自作のアニメーションのなかで『ハウルの動く城』が「一番トゲのように残ってぃる」作品だと認めました。「ゲームの世界をドラマにしようとした結果、格闘しました」とコメントしていますが、そのほかにも大きな理由があったと私には思われてなりません。「一番トゲのように残って」しまった理由は、私の推測によれば以下のようになります。

ハウルの国インガリーは隣国と戦争をしています。「南の海から北の国境まで火の海」と化しています。なぜ戦争になってしまったのか、その原因、理由はよくわかりません。

説明が欠けています。とにかく街は焼かれ、多くの人々が犠牲になっています。それにもかかわらずインガリーの国王はやる気満々です。国民全体を巻き込んだ総力戦です。正規の軍隊や武器はもちろんのこと、魔女、魔法使いたちまでが猫の手のようにかり出されています。その中心は魔女サリマンです。サリマンは「王室つき魔法使い」です。当初、ハウルはこの戦争から身を遠ざけていました。魔法の師「サリマン先生」から戦闘に参加するように求められても自分の城のなかに隠れて逃げ回っていました。しかし、ソフィーら身近な人々の生命に危険が及ぶようになると、アウトサイダーにとどまることができなくなってくるのです。ハウルはたたかうことをついに決意します。変身して戦闘に加わります。ただ、ハウルが、だれと、何を相手にたたかっているのかがはっきりしません。けっしてサリマンの配下となったわけではないのです。相変わらずサリマンの手下、ゴム人間、オタマ人たちがハウルをとらえようと徘徊しているからです。このように戦争全体がきわめて曖昧です。そして、最後はいわば安直な解決がもたらされます。（都合のいいことに）カブのかかしの正体が隣りの国の王子だったのです。王子は「呪いでカブ頭にされて」いたのです。そのカブはソフィーにキスをされて変身し王子の姿を取り戻すことができます。そしてこの王子の仲立ちによってインガリーと隣国との戦争が終結するというのです。やはりファンタジーです。

カタルシスはたしかにあります。が、あまりにファンタジー的な解決であってリアルではありません。

しかしながら、今度は、『風立ちぬ』では、リアリズムが貫かれました。宮崎は今回にいたってあくまでリアリズムに立脚した作品を完成させました。アウトローの「おまつりさわぎ」に逃げることはありませんでした。「魔法」に逃げ込むこともありませんでした。歴史的現実に真正面から立ち向かったのです。生涯最後の長篇アニメーション作品だからでしょうか。しかし、そのため、「おわりはズタズタ」となってしまったのです。一九四五年、大戦に敗れ降伏した日本は、実際のところ、「ズタズタ」としかいいようのない状況にありました。

『風立ちぬ』はカタルシスをもたらしてくれない作品です。めでたしめでたし、ではありません。実際、映画館で私が鑑賞したとき(複数回です)、周りにいた観客たちが上映後にややとまどっている雰囲気を感じ取ることができました。

リアリズムです。だから堀越二郎はブタにはなりません。ブタになれるわけがありません。彼は(数少ない)エリート技術者なのです。夢想はできるかもしれません。しかしブタにはなれません。魔法を使うこともできません。現実から逃避することはできないのです。夢のなかでしか自由になることはできません。

私たちはポルコのような「賞金稼ぎ」として生きてゆくことはできません。ハウルのように「まじない」の「粉」を売って生活することもできません。一匹狼として生きるという選択肢は、ほとんど現実的ではないのです。やはり技術者は、資力のある組織（軍需産業？）のなかで「力を尽して」ゆくしかありません（もはやライト兄弟やエジソンの時代、言い換えると個々の発明家、冒険家の時代ではありません）。

これによって、宮崎は、胸に突き刺さった「トゲ」がとれたのでしょう。今度は逃げなかったのです、ほんとうの現実から。たとえカタルシスに欠けた映画を作ってしまったとしても……。

（1）『紅の豚』の冒頭、アジトで眠っているポルコの顔の上にある映画雑誌には「1929」という年号が印刷されています。したがって、ポルコが古雑誌を読んでいたのでなければ、一九二九年がこの作品の時代設定ということになります。他方、作品の中盤でポルコはフィオに「1910年だ。17のときだった」と語っています。単純に計算すれば一九二九年には三十六歳になっているはずです。ただし、「世界恐慌」の発端は一九二九年十月二十四日の〝暗黒の木曜日〟であり、この作品の舞台となったのは「アドリア海の夏」です。「世界恐慌ってやつ」がすでに起きていたとすると、一九二九年の秋以前はありえません。結果として、翌一九三〇年の夏の出来事なのかもしれません。なお、スタジオジブリのスタッフのひとり、木村郁代は「ポルコは推定三十八歳くらいでしょう」と述べています。

(2) 死者をのせた「あらゆる国のあらゆる機種」の戦闘艇がひとつの帯をなしてゆくというのは、自分の国の〝英霊〟だけが某神社に〝神〟としてまつられるという発想からはきわめて遠くへだたっていることにご注意ください。

(3)「堀越二郎」は本書では歴史上の人物としての堀越二郎ではなく、あくまで宮崎作品『風立ちぬ』の登場人物としての「堀越二郎」です。本庄季郎についても同様です。

(4)「戦後民主主義の、戦争は絶対にしてはならないというテーゼを、僕は無条件で受け入れて来た。そのテーゼは今も正しい」と宮崎は述べています(『出発点』二九一頁)。

(5) ジャンニ・カプローニの孫、イタロ・カプローニの説明によれば、「フェラーリン」の名は実在した「アルトゥーロ・フェラーリン」からとられているようです(『ジブリの教科書7　紅の豚』文藝春秋、二〇一四年、一八一頁)。

主な引用文献

宮崎駿『出発点　1979〜1996』徳間書店、一九九六年
宮崎駿『風の帰る場所　ナウシカから千尋までの軌跡』ロッキングオン、二〇〇二年
宮崎駿『折り返し点　1997〜2008』岩波書店、二〇〇八年
宮崎駿『続・風の帰る場所　映画監督・宮崎駿はいかに始まり、いかに幕を引いたのか』
　ロッキングオン、二〇一三年
堀田善衞、司馬遼太郎、宮崎駿『時代の風音』朝日新聞社、一九九七年
養老孟司、宮崎駿『虫眼とアニ眼』徳間書店、二〇〇二年
鈴木敏夫『仕事道楽　スタジオジブリの現場』岩波書店、二〇〇八年
『ジブリの森とポニョの海　宮崎駿と「崖の上のポニョ」』角川書店、二〇〇八年

＊　アニメーションからの引用文は原則として『スタジオジブリ絵コンテ全集』（徳間書店）によります。ただし、絵コンテには句読点がほとんど付されていないため（声優の間の取り方を参考にし

つつ）筆者の判断で補いました。また、アニメーションと絵コンテのセリフが一致していない場合は（声優のアドリブ？）前者を優先しました。

なお、〔　〕は筆者による補足をあらわします。

国書刊行会編集部の清水範之さんには、貴重なご指摘をいただくなど、『なぜ宮崎駿はオタクを批判するのか』のときと同様にたいへんお世話になりました。心から感謝を申し上げます。

荻原 真（おぎはら・まこと）
一九五八年東京都生まれ。
東京大学教養学部卒業。中央大学文学部卒業。思想史。
著書に『日本人はなぜ脳死・臓器移植を拒むのか』（新曜社、一九九二年）、『小林秀雄とは誰か―断ち切られた時間と他者』（洋々社、一九九九年）、『西洋哲学の背骨―知っておきたいプラトン、デカルト、カント、サルトル』（新曜社、二〇〇六年）、『なぜポニョはハムが好きなのか―宮崎アニメの思考』（洋々社、二〇〇九年）、『なぜ宮崎駿はオタクを批判するのか』（国書刊行会、二〇一一年）、共著書に『20世紀を震撼させた100冊』（出窓社、一九九八年）、共訳書にメルキオール『現代フランス思想とは何か―レヴィ＝ストロース、バルト、デリダへの批判的アプローチ』（河出書房新社、二〇〇二年）などがある。

宮崎駿《みやざきはやお》の「半径《はんけい》300メートル」と『風立《かぜた》ちぬ』

二〇一六年八月二十日初版第一刷印刷
二〇一六年八月三十日初版第一刷発行

著者 荻原真
発行者 佐藤今朝夫
発行所 株式会社国書刊行会
東京都板橋区志村一―十三―十五 〒一七四―〇〇五六
電話〇三―五九七〇―七四二一
ファクシミリ〇三―五九七〇―七四二七
URL : http://www.kokusho.co.jp
E-mail : sales@kokusho.co.jp
装訂者 長井究衡
印刷所 株式会社エーヴィスシステムズ
製本所 株式会社村上製本所
ISBN978-4-336-06043-3 C0095

乱丁・落丁本は送料小社負担でお取り替え致します。